儲かる会社は

ホームページが9割!

芝田弘美

自由国民社

はじめに

本書を手に取っていただき、ありがとうございます。

本書のゴールは、読者の方々に

「ホームページで集客できている会社は、実際に何をしているのか」

を知っていただくことです。

上記を知っていただくことで、**会社のホームページから集客できるようになり、毎月安定した売り上げが上げられるようになる**と考えております。

申し遅れました。

私はWeb販促コンサルタントの芝田弘美です。

1996年から25年間、会社のホームページ制作を中心に仕事をしてきました。今はWeb制作会社・プリズムゲートで代表取締役として多くのお客様のWeb戦略・ホームページ運営のコンサルティングを行っております。

起業当初「Webデザイナーでは芽が出ないかも？」と悩んでいました。

美大やデザイン学校出のデザイナーに比べると、良いデザインのホームページがつくれず、お客様から「デザインの品質が低い」と、面と向かって言われたことが多々あったからです。

ホームページはデザインではない!

そんな時、以前にホームページをおつくりした工務店の社長から、

「つくってもらったホームページから集客できたから、折り込みチラシをやめたよ！ 今まで広告費で年間数百万円かけていたけれど、それに比

べるとホームページはコストパフォーマンスが良いよね！」
と言われました。

　その時「これだ！」と思いました。どの会社も当然のように持っている
ホームページ。

　「お金をかけるなら、良いデザインのパンフレット代わりではなく、集
客できて、お客様の売り上げが上がるものにしよう」

　「デザイナーが綺麗なホームページをつくるのであれば、マーケティン
グを専攻した私は『儲かる会社のホームページ』をつくろう！」

　そんな想いで、今もお客様である取引先の企業のホームページ制作をし
ています。

ホームページは最高の営業マン

　さて、考えてみてください。

　ホームページをつくり込み、月３件の新規顧客を獲得できたら？

　ベテランの営業マンでも、法人営業をしていて月３件の新規顧客の獲得
は難しいですよね。

　そんな営業マンの平均年収はだいたい500万円です。

　それに比べたらホームページの投資額は安く済みます。

　ホームページを制作して５年間メンテナンスしたとしても、500万円
も経費はかかりません。

　ですが、先ほどの例で言えば、営業マンを雇っていると、５年間で
2500万円もの人件費がかかるのです。

　こう考えると、ホームページは大きな力になるはずです。

対面での販促が難しくなっている今こそ

　本書を書こうと思ったのは、お客様のポンプ修理会社の社長からいただ

いた、

「コロナ禍で、新規開拓のための対面での営業ができないから、ホームページにもっと力を入れてオンラインで集客をしたいのだけれど」

という言葉がきっかけでした。

　その会社の社員は20人弱。

　ほとんどが職人で、販促や営業ができる社員は１人もいない。

　ですから、販促手段は社長のトップセールスのみでした。

　だからこそ、社長には、コロナ禍で取引先の担当者と会えないことへの危機感があったのだと思います。

　そこで、私がアドバイスを行い、2020年４月、緊急事態宣言下でコツコツとホームページを改善。アクセス数を３カ月で５倍にして、集客につながるよう、調整しました。

　そして、新たな１つの集客の柱ができました。

　今では、ホームページから問い合わせを受けた場合、成約率が100％に近いのです。そして、ホームページから、月間300万円程の売り上げがあるそうです。

　この出来事から、私のメソッドを世間に広く伝えれば、「多くの会社や起業家、そしてこれから起業を考える人が助かるのではないか？」と思い、本書にまとめました。

　ですから、本書は、下記でお悩みの方に向けて執筆しました。

・**新型コロナウイルスの影響で、オンラインで会社の収益を上げなくてはならなくなり、困っている方**

・**ホームページ制作会社とやり取りをしているけれども、なかなか集客数**

が上がらず、悩んでいる方
- ホームページを実際つくっている。そして、デザインが社内でも評判が良いのに、なぜか集客数が伸びずに困っている方
- ホームページを制作する部署にはいない（例えば営業部）けれども、「会社のホームページを変えたほうが、業績が上がるのではないか？」と考えている方

　こういった方々には強力な「会社ホームページの運営施策」になることでしょう。

インターネットがある幸運と不幸

　今は、インターネットがあります。
　ホームページの他にもツイッターなどのSNSツールにより無料で、自分の商品やサービスを世間に知らせる手段があります。
　これが30年前でしたら、商品やサービスを周知するには、お金を出して広告を入れる以外に方法はなかったのです。

　しかし、多くの人は、インターネット上にあるツールに振り回される不幸にも見舞われています。
- 今はブログやメルマガより、SNSをやるべきだ
- 画像のインパクトがあるので、インスタグラムをやるべきだ
- リツイートなどで拡散できるため、ツイッターをやるべきだ
　確かにそうなのですが、当初の目的「インターネットから集客すること」を忘れて、「毎日投稿しないとだめだ」「ネガティブなコメントがきて、落ち込む」「競合他社が炎上しているのをみて、不安を感じる」などSNS疲れをおこしている人も多いです。
　そういったことで振り回されている方に、私は強くお伝えしたいことが

あります。

「集客をするならSNSを強化することではなく、先にホームページを強化するべき」です、と。

信頼される事業をこれからも継続させたいなら、ホームページは基本となる営業ツールです。SNSなどの他のツールの利用を考える前に、ホームページに力を入れましょう。

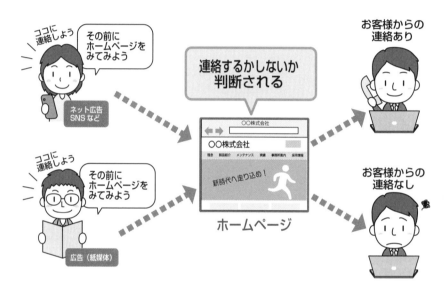

会社はホームページが9割!

あなたは仕事でメールをする時、自社ホームページのURLを添えませんか?

また、インターネット上で調べて「この人に・会社に仕事を依頼しよう」と思った時、ホームページをみませんか?

さらに、新聞広告や電車広告をみて気になった会社のホームページを、スマホで確認しませんか?

例えば、これらのホームページの内容が信頼に値しなければ、そしてみづらければ、その会社に仕事の依頼や相談の連絡をするでしょうか？　おそらく、しないでしょう。

このように現代のビジネスでは、**無意識のうちに、ホームページは相手の信用を測る「第一印象」の要になっているのです。**
会社の信頼度を上げたいなら、「ホームページが9割」です。

ホームページ集客で安定的に事業を継続

会社でホームページを持つのであれば、ただ会社説明のツールとして使うだけでなく、集客もできれば良いと思いませんか？
時々「うちはBtoBだから、お客様はインターネット上でうちの会社の情報を探していないのでは」と言われることがあります。

ですが、コロナ禍で確実に人の行動は変わりました。
BtoBのビジネスを行う会社でも、そして会社の規模の大きい上場企業でも、さらには公的機関ですら、インターネットからより良い業者を探すことが増えています。

ですから、「ホームページ集客」のチャンスはいくらでも、あなたの目の前に転がっています。後は、やるかやらないかだけです。

私の経験上、ホームページ集客の効果は6カ月程で出てきます。
ですから、これから6カ月頑張りましょう。
・ホームページから、お客様が連絡をくれた
・ホームページからの集客で、事業が安定した

自社のホームページを、ビジネスを、このような状態にしたい方は、本書を読み進めてください。

　そして、実行あるのみです。

会社に関わるすべての社員にホームページは必要!

　本書は、専門的な言葉をできるだけ使わず、わかりやすく読んでいただけるように書きました。　もちろん図やイラストも使っています。

　なぜなら、ホームページのことは、会社に関わるすべての社員が知っておくべきだと考えているからです。

　コロナ禍は長く続いていて、対面での営業が難しくなっています。

　そして、電話営業をしても、担当者はテレワークで会社にいないこともあります。

　こんな状況では、SNSでの情報発信や、インターネットを使って問い合わせをしてもらう、オンラインでの営業が主流になります。

　そんな時、ホームページが必要なのです。

　そこで、きちんと集客できるホームページになっているか否かで、会社の将来が変わってきてしまうのです。

　例えば、営業部にとっても受注実績を上げるうえで、注文件数や成約件数を上げることのできるホームページは大切です。

　しかし、営業部だけではありません。

　当然ホームページの運営を行う専門部署は集客して実績をつくらなくてはなりません。

　さらには問い合わせに対応するコールセンターなどのような部門においてもホームページから問い合わせされやすいかどうか、ということは生命線になってきます。

そこでホームページに訪れた訪問者がストレスを感じてしまうと、問い合わせがクレームになってしまったり、そもそも問い合わせをされず、機会を損失してしまったりすることにもなります。

　このように、ホームページは、一部の専門部署の社員だけではなく、会社に所属するすべての社員に関係することなのです。

　ですから、

　「多くの人にホームページを簡単に理解してほしい！」

と考え、すべてのビジネスパーソンがわかる言葉で、本書を執筆しました

※本書では、一般の方がわかりやすいよう「Webサイト」のことを「ホームページ」と表現しています。ですので、区別がつきやすいよう「ホームページ」のことは「トップページ」と表現します。

※本書では、ホームページをみにくるユーザーのことを「訪問者」と表現します。

目次

第2章 トップページ編

第7章 お問い合わせ・申込み編

儲かる会社はホームページが9割！

図 解

~誰でもわかる！ホームページ集客の一番簡単な教科書~

第1章 ホームページの企画編

つくる前に
しっかりと！

ホームページ企画 ＝ 会社の設計図・未来計画

ホームページ構成

設計図＋
未来計画

将来、
追加する
ページも計画

トップページ ─ サービス案内 ─ サービス1

タイトルには、
主要サービスと
地域名も入れる

サービス2

実 績

サービス3

会社案内

サービス3

採用情報 ─ 先輩からの声

横浜駅から2分で確定申告：○○税理士事務所
○○税理士事務所
代表メッセージ 対応サービス お客様の声 事務所案内
まかせてスッキリ確定申告
相続も対応！

ツリー状の
構成にする

成果までの
流れを計画

ターゲットを
明確にする

頭が痛い…
あごが痛い…
体調が悪い…

ネット検索

お問い合わせ

カタカタ

お問い合わせ
フォーム

システム
入れて…

ホームページ

見積り ➡ 成約

ツールばかり
先に考えない ✖

ホームページの
目的を決める

修理の
見積もりを
お願いしたい
のですが

電話での
お問い合わせ

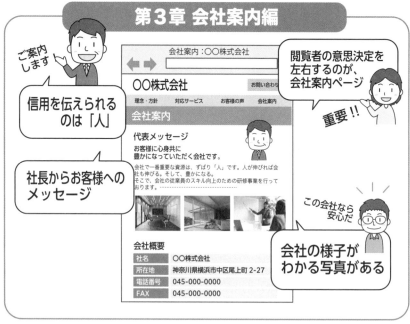

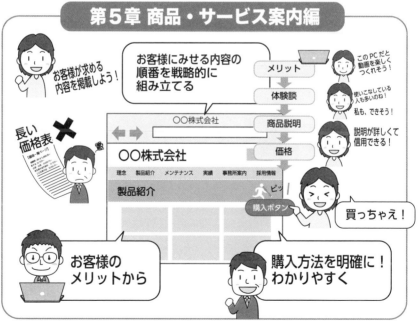

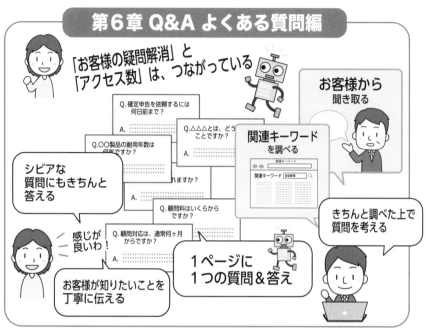

なぜ今、ホームページが大切なのか?

- ☑ ホームページは、インターネット営業所
- ☑ 良いホームページ業者の見分け方は3つ
- ☑ ホームページ集客は、継続が重要

ホームページの役割は「インターネット営業所」

　今ではどの会社でもホームページを持つ世の中になりました。

　そのような状況だからこそ、本来のホームページの役割に気づいていない会社が多くなっています。

　ですから、まずは

「ホームページは『インターネット営業所』」

だと思ってください。

　会社が出す広告をみられても、Googleなどの検索エンジンからネット検索されても、必ずホームページがみられます。

　その上で、閲覧した訪問者は連絡するかしないか判断します。

　「ホームページにある情報がみやすく整理されており、さらに豊富な内容が掲載されている。会社の雰囲気もよさそうで、自社と社風が合いそうだ」

　こう思ってもらえたら、連絡や問い合わせがきます。

　逆に、ホームページの情報が古く、更新は２年前で止まったまま、社長の顔もわからない。

　このようなホームページを運営している会社に連絡するでしょうか?

　こう考えるとホームページは、会社の分身であり、インターネット上の営業所なのだということがわかるのではないでしょうか。

今のインターネット全盛の時代で勝つには?

　結論から先にお伝えします。

　今のインターネット全盛の時代で勝つには「継続」です。

数カ月成果が出なくても、あきらめずにホームページでの集客力が上がるように改善を続けましょう。

「そんなことか」と思われるかもしれません。
しかし、継続が一番難しいのです。

実際、多くの会社が、数カ月ホームページ集客の対策を行い、結果が出ないからと挫折しています。
逆に、成果を上げている会社は、何年もホームページ集客の施策を継続しているのです。

もちろん、改善しながら続ける、いわゆる「正しい努力」で続けることが大切です。
その方法をこれからお伝えします。
ぜひ、継続の仕組みやルールを自社内でつくってみてください。

ホームページは、自分でつくっても、無料作成サービスを利用してもOK

今では、たくさんのホームページ無料作成サービスが出ています。
無料でホームページを作成しても、独自ドメインを使ったホームページを作成しても、インターネットで検索されてみつけてもらえる条件は同じです（独自ドメインは基本的には有料です。年間数百円～数千円程度です。ただし、ホームページを置くレンタルサーバーのサービスで無料提供しているところもあります）。

ただし、**会社などの法人の場合は「取引先から信頼を得たい」「仕事の受注金額を上げたい」**場合がメインになりますので、有料でも独自ドメイ

ンを使ったホームページをおすすめします。

　どういうことかというと、無料ホームページ作成サービスをつかっていると、ドメインをみられた際に、マイナスな評価を受けることもあるからです。
　例えるなら、無料でつくったホームページは、会社が無料の共有オフィスに入っている状態です。反対に、独自ドメインのホームページは占有地に自社の建物がある状態なのです。
　もちろん、自社の建物をつくる方が費用はかかります。
　お金をはらってホームページをつくっている会社とそうでない会社ではどちらが仕事への本気度が高いか？　と判断されると前者であることが明白であると思います。

　本書でお伝えしたいのは、ホームページからの集客を上げて事業を安定させようというものです
　ですから、多くのお客様をはじめとするユーザーに訪問してもらえように、やはり独自ドメインを使って、ホームページ集客への投資をするべきなのです。

独自ドメインとは？

　独自ドメインとは、URLやメールアドレス上の「〇〇.comや〇〇.co.jp」などの〇〇のことです。この独自ドメインを例えるなら、あなたが自由に決められる「ホームページの看板」のようなもの。
　ただし、他者と同じドメインは登録できません。
　独自ドメインを取得するには、レジストラと呼ばれるドメインの登録申請を受け付けている事業者を使います。
　レジストラのサービスは、「お名前.com」や「ムームードメイン」「名づけてねっと」などの会社が有名です。また、ホームページやメールのデ

ホームページ
＝インターネット上の営業所・お店

独自ドメイン
＝看板

○○.com

レンタルサーバー
＝土地

ータを置くレンタルサーバーでも、独自ドメインを取得することができます。

　どこのレジストラで、どんなドメインを取得しても、機能は同じです。違いはドメインを管理している機関や会社によって、価格が多少違うだけです。

ホームページ業者に依頼する時の注意点
～良いホームページ業者の見分け方、発注の仕方～

　会社のホームページをつくる時、多くの会社がホームページ制作会社や業者に依頼していることと思います。

　この時ホームページ業者との問題を抱える場合が多いです。

　業者との意思疎通がうまくいかない、できあがったホームページに満足できない、ホームページを公開したものの期待した効果が得られなかった

というような問題です。

　こういった事態は避けたいですね。

　そこで、「良いホームページ業者を見分ける3つのポイント」をお伝えします。

　業者選定の際に、ぜひ確認してみてください。

ホームページ業者を見分ける3つのポイント

① お客様と長く付き合っている

　効果が出ないホームページしかつくれない業者、メンテナンスをしっかりとできない業者、金額が高い業者は、お客様とは長く付き合えません。

　ですから、目安として5年以上付き合っているお客様が多い会社は、良い業者といえます。

　5年以上付き合うということは、お客様がホームページのリニューアルを再度依頼することも多いので、それだけ信頼があるということです。

　例えば、見積りなどの資料を業者が持参して来た時や挨拶に来た時などに、世間話のような感じで、

　「御社のお客様で弊社のホームページの事例と似たケースはありますか？　メンテナンスなどはどのように進めているのですか？」

　などと確認してみてください。

　その際に古い付き合いのあるお客様がいなければその業者には要注意です。

② ホームページ制作を内製している

　意外に知られていませんが、ホームページ制作の仕事を請け負っているにも関わらず、専門業者に外注している業者も多いです。

もちろん、内製できる業者の方が良いです。

技術的なことに詳しい、修正対応が早い、自社で制作できるので、無駄な費用がかからない、というメリットがあるからです。

外注している場合、ホームページ制作後、「ホームページ運営における問題が起こった際に、すぐに対応してくれる」などの良質なメンテナンスは、あまり期待できません。

③ カタカナ用語をわかりやすく説明してくれるかどうか

ホームページやインターネットでは、カタカナの用語がとにかく多いです。

ドメイン、CMS（シーエムエス）、コンテンツ、SSL（エスエスエル）、DNS（ディーエヌエス）など。

そういった用語は、専門家でない限り、わからないのは当然のことです。

わからない用語が出てきたら、すぐに意味を聞いてみましょう。

もし、目の前のホームページ業者の説明が理解できないものだったら、その業者とは付き合わない方が今後のためです。取引先にうまく説明ができないという時点で、ホームページ制作に関してしっかりとわかっていない業者であるということが証明されています。

ホームページ業者を見分ける3つのポイント

① お客様と長く付き合っている

② ホームページ制作を内製している

③ カタカナ文字をわかりやすく説明してくれる

そして、上記３つ以外の重要な判断基準として、「担当者とフィーリングが合うかどうか」ということも大切です。

気が合えば、ホームページ運営の中で気になるところが出てきたら、すぐ確認できますよね？

ここが、スムーズにホームページ制作が進むか進まないかの分かれ道になるところ。気になったところを直接伝えられるかそうでないかで、ビジネスのスピードも違ってきます。何より、あなたのストレスの度合いも変わってくるでしょう。

ホームページ制作における業者への発注の仕方

制作範囲、見積り金額、完成予定、キャンセル規程、支払い条件、その後のメンテナンスなどをしっかり確認した上で、発注しましょう。

業者により、前払いのところもあるようですが、これはおすすめできません。

業者が倒産するなどのトラブルがあることも考えられるからです。

リスクは最小限に抑えたほうが良いです。

実際のところ、ホームページ制作は労働集約型に近いビジネスモデルで、あまり儲かるものでもないため、業者の経営状況はまちまちなのです。

いずれにしても、先の「良いホームページ業者を見分ける３つのポイント」を確認していただき、読者の皆様が良い業者と出会えるよう願っております。

コラム ホームページ業者の制作レベルは、業者間でかなり違う

時々、こんな相談を受けます。

「ホームページをつくってもらったのですが、社名で検索しても、検索に上がってこない」
「公開後のホームページ更新ができない。その都度お金がかかる」
「業者と連絡がつかなくなった」

実際に作成されたホームページの中身をみてみると、「こんな雑なつくり方をしているのか！？」と、驚くこともよくあります。

例えるなら、見た目は、鉄筋コンクリート造りの立派な建物にみえるのに、中身は張りぼての建物になっている。

意図的な手抜き、もしくは、そもそも業者の技術がないということが明らかになることも多いのです。

実際、ホームページがどんなつくりになっているのかは、専門の知識や技術がないと判断できません。

建物の場合は、法律で建築基準が決まっていますが、ホームページにはそのような基準がないので、Web制作者の技術と良心に任されている状態なのです。

ですから、トラブルも絶えません。

日本でのホームページ業界は30年に満たない、まだ若い業界です。

そして、個人事業主から会社まで規模も様々です。

しかも、大きな会社だからといって、制作レベルが高いわけでもな

いのです。ですから、やはり前述の「良いホームページ業者を見分ける3つのポイント」を使ってみてください。

　ちなみに、本書に書いてある内容は、一般のホームページ業者は知らないことも多いです。
　実は、一般のホームページ業者は「ホームページをつくる」のが仕事だからです。あなたは、店舗をつくっている大工さんに「どんな商品を並べたら、お店が繁盛するか」尋ねますか？　尋ねないですよね。
　そんな質問は店舗型コンサルタントに聞くと思います。
　実は、ホームページ業者に「どうやったら集客できるか？　儲かるか？」と聞くのは、大工さんに「どんな商品を並べたら、お店が繁盛するか？」と質問するのと、同じことなのです。

　ホームページから集客させたいし、かといって集客を得意とするWebコンサルタントに依頼する予算はない。
　そのお気持ちわかります。
　そのために、この本を書きました。
　ですから本書の内容を理解していただき、ホームページ業者にホームページを改善するための指示を出してくださいね！

ホームページの企画編

☑ ホームページの企画は、設計図＋未来計画

☑ ホームページを公開するのに、半年〜1年時間をかけるのは良くない

☑ ホームページを公開する時に、どこまで公開するか決める

1-1
ホームページの企画は、設計図＋未来計画

　ホームページをつくり始める時、こんなデザインが良い、この記事を載せたい、こんな機能を入れたい、スライド・アニメーションで動かしたい、などいろいろイメージが膨らむと思います。

　しかし、待ってください。

　例えば、あなたがレストランを出店するとします。

　レストランを出店する前に、

・お客様が集まりやすい場所は？
・出店地域の近くに住んでいるターゲット層は？
・お客様に来てもらうために、どんな外観・内装にするか？

など、出店する場所についての調査をして、それに合わせてレストランをつくりませんか？

　知らない場所に、いきなり大金を出してレストランをつくることはしませんよね。

　ホームページを何の計画もなくつくりだすことは、まさに、知らない土地にいきなりレストランをつくるようなものです。

　ホームページを何の調査も計画もなくつくってしまうと、公開後、検索順位も上がらず、ホームページの訪問者から問い合わせがこないものになる恐れがあります。

　誰でも、「**はじめから集客力のあるホームページをつくりたい！**」と考

えているはずです。それには、ホームページをつくりだす前に、調査が必要です。会社ホームページの企画は、まさにその会社の設計図と未来計画なのです。

ホームページの設計図は、ホームページの「**ページ構成**」です。
どんなページで構成するかだけでなく、そのページにどんな内容を掲載するかまで、決めておくのがベストです。
ただし、ホームページ公開時までに、多くのページを完璧につくるのは、負担が大きくなります。そして、それゆえに公開まで時間がかかってしまうかもしれません。

私の経験上、ホームページ公開に、半年や1年など時間をかけるのは、おすすめできません。
ビジネスではスピードは大事な要素です。
特にインターネットの世界では、**早く公開すればする程、検索エンジンに登録され、検索してホームページをみにきてくれる見込み客などのホームページ訪問者が多くなり、集客のチャンスが増えます。**
ですので、早く公開した方が有利です。

また、多くのページがあるホームページを業者に作成させると、その分金額の負担も大きくなってしまいます。
ですから、「**公開時のページ構成は、ここまで**」と決めておきましょう。
その上で、公開後に、ページを順次追加して理想の形にする。
未来のページ構成までつくっておきましょう。
だからこそ、ホームページの企画は、設計図＋未来計画なのです。

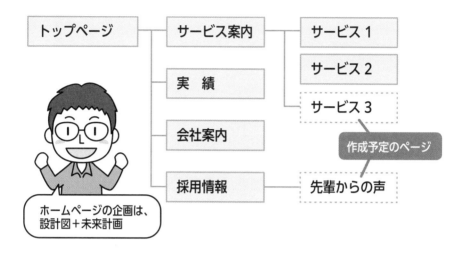

ホームページの企画は、
設計図＋未来計画

ホームページを公開後も、追加更新できるようにするには？

　ホームページ構築は、CMS（コンテンツ・マネージメント・システム）を使った構築がおすすめです。

　CMSで作られたホームページは、簡単に言えば、ブログのように更新できるものです。

　Google Chrome（グーグル・クローム）などのブラウザから管理画面ページにアクセスして、IDパスワードでログインします。

　表示される管理画面から、ホームページの文字や画像を変更したり、ページ追加もできたりします。

　CMSを使った構築であれば、ホームページ公開後も、ブログのようにページを追加したり、ページの内容を変更したり、構成も変更することができます。CMSでは、WordPress（ワードプレス）が一番使われています。無料のオープンソース・システムです。

　ただし、ホームページ業者の制作方法により、一般の人が容易に更新できなかったり、一部しか更新できなかったりします。

　ですので、制作前に「**ホームページ公開後も、自分たちですべてのコーナーで、ページを追加更新できるように制作してほしい**」と、必ず伝えま

しょう。

　第 1 章では、ホームページの企画で集客できる・できないを具体的にお伝えしていきます。ホームページを業者に作成してもらう場合、企画書として提案がある場合もあります。その際には、この第 1 章の内容を判断の指標にしてみてください。

1-2

集客できないホームページ ターゲット "年代＋性別"

集客できるホームページ ターゲット "年代＋性別＋悩み＋欲求"

集客できないホームページ 「ターゲットが "30代女性"」

ターゲットというと、「年代＋性別」と考えられがちです。

しかし、ターゲットをこのような形で想定してしまうと、集客できるホームページをつくれません。

ターゲットが広すぎるのです。

例えば、30代女性でも、既婚で子供がいる人と独身で働いている人では、まったく生活が違います。生活が違うと、欲しいもの、必要なものなどもまったく違ってきます。

したがって、インターネットで検索するキーワードも違うものになります。

ターゲット＝30代女性

ホームページは、インターネット上で簡単にみつけてもらうことが、集客の第一歩です。

ですから、検索される想定キーワードを広げすぎないように気を付けた方が良いのです。

「ターゲットが具体的!」 "食いしばりで頭痛に悩む女性"

ターゲットの想定は、どんな「欲求」がある、もしくは、どんな「悩み」があるのかなど、具体的にしましょう。その上で、ホームページをつくり込むと集客できるものになります。

例えば、ターゲットが「食いしばりで頭痛に悩む女性」とした場合、検索キーワードは「食いしばり　頭痛」と入れてきます。

ですから、ホームページでは、「食いしばりで頭痛に悩む人」に役立つ情報や悩み解決の方法として、自社で扱っている商品やサービスを紹介していきましょう。

すると、検索エンジンでの検索順位も上がって、ホームページをみてもらいやすくなり、さらに、購入につながったり、見込み客からの問い合わ

ターゲット
＝食いしばりで悩む女性

頭が痛い…
あごが痛い…
体調が悪い…

せにつながったりします。

　ですから、ターゲットとして想定する場合、「年代＋性別」だけでなく、ターゲットがどんな生活を送り、どんな悩みを抱えているのかを具体的にまとめてから、ホームページを企画しましょう。

ターゲットを想定する

　商品・サービスを売る際にはターゲットを決めるのと同じように、ホームページでもターゲットを決めることを、まずやるべきです。

　なぜなら、**想定するターゲットをもとに、デザイン・掲載内容などホームページのあらゆることが決まる**からです。

　ですから、想定するターゲットをつくっておかないと、ホームページをつくる上で判断に迷い、挙句の果てにホームページがいつまで経っても完成しないことにもなります。そんなことが、実際には数多くあるのです。

　イメージしてみてください。

　あなたの会社の想定するターゲットが、BtoBで企業の設備担当者の場合と、BtoCで体調不良に悩むシニア女性の場合、同じ色・同じ雰囲気のホームページにするでしょうか？

　まったく違うホームページにすることでしょう。

　シニア女性がターゲットなのに、寒色系のクールなデザインで、数値による成分を全面に掲載するでしょうか？　決してしないはずです。

　シニア女性の場合でしたら、暖色系のやさしい色合い、文字は大きめ、数値よりも共感を重視する掲載内容にした方が、反応を得やすいと想像できるはずです。

　このように、ターゲットの想定は、ホームページの基本です。すべての判断の基礎になります。しっかり具体的にターゲットを決めましょう。

ターゲットを絞るメリットは?

　ターゲットを具体的にすることは、ターゲットを絞ることです。

　マーケティングの世界では、ターゲットは絞れば絞る程、効果的とも言われています。

　ただし、販売する商品によってターゲットは違うでしょうから、いくつかターゲットを想定しておいてください。

　訪問者はホームページを、すべて閲覧することはしません。

　検索結果をみるとわかりますが、**実は今では、ホームページの１ページずつが別々の訪問者からみられているのです。**

　ですから、ページごとに絞ったターゲットに向けて、掲載内容を仕立てるというやり方の方が通用します。

　例えば、
・Ａ商品のページは、「肌荒れを気にしている30代女性」
・Ｂ商品のページは「高額商品でも良いサプリを摂取したいと考える50代以上の女性」
などです。

　このように、ターゲットは具体的に、複数想定しておいてください。

1-3

集客できないホームページ ツールにこだわる

集客できるホームページ 流れを考える

集客できないホームページ 「ツールにこだわる」

ホームページといえば、下記のようなものをいろいろと考えるかもしれません。

・スライド・アニメーションを入れよう
・ホームページの他に、ツイッターやインスタグラムで拡散させたいので、SNSにリンクしやすいものにしたい！
・予約システムやスタッフ・ブログも入れたほうが良いのでは？

これらのように、追加したいツールを業者に次々伝えると、ホームページ構築の費用は大きくなります。

業者からすると、ツールをたくさん使ってもらう方が、ホームページ構築の単価が上げられ、その分売り上げも増えます。

そして、ツールをホームページに入れても、使わずに終わってしまった、ということもよく聞きます。

まず、考えるべきは、「ホームページにどんな見込み客が来て、どういったアクションをするのか？」要するに「ホームページの目的」を決める

ことです。

　その目的を達成するために、どんなツールを使えばよいのかを決めていきましょう。

　決してツールありき、ではいけません。

　「このツールを使えば、必ず成果が出る」というものはないのです。

 ## 「流れを考える」

　集客できるホームページは、企画段階でホームページの目的を決め、訪問者のアクションの流れを計画しています。例えば、設備修理の会社のホームページを企画する場合を考えましょう。

　ターゲットは、企業の設備メンテナンス担当者。

　設備メンテナンス担当者は、仕事中に、修理のクオリティが良く経費もできるだけ安い修理会社を探すでしょう。ということは、職場のパソコンでホームページを検索することになります。

　仕事ですから、ホームページをみて、対象の会社に電話、もしくはメー

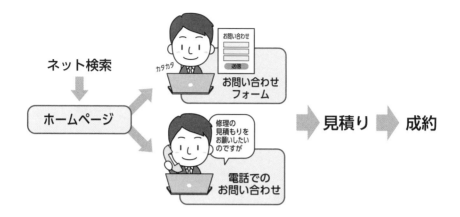

ルで問い合わせをするでしょう。

　その後、見積り作成をして、成約という流れになります。

　この例の会社のホームページで必要な要素は、もうおわかりかと思います。

　ホームページを検索エンジンで検索されやすいようにすることと、連絡がすぐできる状態にしておくこと。そして何より、仕事の品質が良い設備修理の会社だと知ってもらうこと。

　大切なのは、検索されやすいように、設備メンテナンス担当者が検索するであろう検索ワード「設備メンテナンス」関連のキーワードで検索順位を上げて、ホームページをすぐみつけてもらうなどの対策が必要ということになります。

　このように、ターゲットの動きを想定して、流れを計画すれば、おのずと必要な要素やツールがみえてくるのです。まずは、ツールに囚われず、流れから計画しましょう。

ホームページの目的をきちんと決めよう

ホームページを企画する時、

「ホームページに、こんな機能を入れたいのですが」

「やっぱり今どきは、ホームページだけでなく、SNSもやらなきゃいけませんよね？　インスタグラムやツイッター、フェイスブック、どれをやったら良いですか？」

と言われることがあります。

ホームページの目的以前に、使うツールにばかり目がいっている状態の担当者が多いのです。

これは、**お店で売る商品を決めずに、お店の内装やチラシの内容を決めるようなものです。**

「こんなことでは成功するわけがない」と思いませんか？

しかし、インターネットではこんなことがよく起こっています。

世間で評判になっているツールに囚われて、そのツールを使ってみたものの集客が上がらないという、ケースが数多くあるのです。

「フェイスブックを2年間、毎日投稿してホームページのリンクを張っているのですが、ホームページ集客につながらないのです。疲れました」

こんな状態にはなりたくないですよね？

ですからまずは、「ホームページの目的」を決めましょう。

そして、その目的を達成するまでの流れを考え、それから「どんなツールを使うか」決めるのが、一見遠回りにみえるようで、成果を出す近道になっているのです。

1-4

集客できないホームページ ページ階層が並列

集客できるホームページ ページ階層はツリー状

集客できないホームページ 「ページ階層が並列」

　グローバルナビゲーションと呼ばれるホームページのメインメニューがあります。

　パソコンでみると、ページ上部に横並びで配置されているバナーになります。ここに全てのページへのリンクが多数並んでいることがあります。

　ただ、残念ながらこの手法だと集客はできません。

　これは「ページ階層が並列」なのです。

　これまでの私の経験上、人が簡単に認識できるのは、6個程度まで。

　10個横に並べたり、2段にしてまでぎゅうぎゅうに押し込まれたりしているメニューでは、人は重要な項目や選ぶべき項目をなかなか認識できず、クリックするのに時間がかかります。

××株式会社

サービス1　サービス2　サービス3　サービス4　サービス5　サービス6　サービス7　サービス8
会社案内　社員紹介　当社の歴史　社長挨拶　アクセス　お問い合わせ

グローバルナビゲーション

豊富なサービスの××株式会社

ごちゃごちゃで選びにくいよ

さらに、**検索エンジン対策でも不利になります。**

なぜなら、ページが並列になって浅い階層になっていると、検索エンジンは「豊富な情報がない」と認識してしまいます。そして、「1つの情報について深いところまで説明していない」＝価値がない情報＝検索順位を上げなくてもよい、ということになってきます。

検索エンジンは、以前と比べるとかなり進化していて、ホームページ全体のページ構成や内容を把握した上で、検索順位を決めることができます。

情報がきちんと整理されているホームページであれば、検索結果にコーナー名も一緒に、数行に渡って広いスペースで上位表示されますが、情報が整理されていなければ、検索表示される確率が低くなってしまいます。

いずれにしても、**人、検索エンジン両方に、悪い印象を与える「ページ階層を並列にする」**ことは避けるべきです。

集客できるホームページ 「ページ階層はツリー状」

集客できるホームページは、ページ階層がツリー状です。

ツリー状は、図のようなページ構成。関連するページでコーナーをつくり、各コーナーの階層が深くなるにつれて、段々と詳細な内容へ進んでいく状態です。

ところで、お目当ての居酒屋で、飲み放題のお酒の種類を知りたい時、まずどこから探しますか？

「メニュー」から、「飲み放題コース」、そこから飲み放題コースの中で「提供されるお酒の種類」を探すでしょう。

このように、**関連する情報ごとに、詳細な情報を掲載するページ構成に**すると、導線がわかりやすくなります。

「飲み放題のお酒の種類が他店より多いことをアピールしたい！」とい

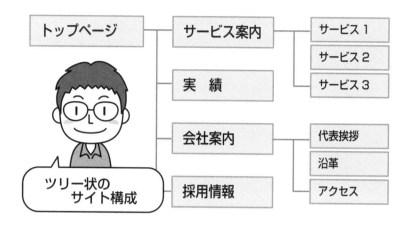

う場合もありますね。

　これをホームページで例えると、その際には、コーナーの中にではなく、別途、トップページからリンク・バナーを張ればワンクリックで、アピールしたいページをみせることができます。

　このようにホームページでは情報はツリー状、アピールしたい部分は、トップページでバナーを張り、誘導をする。情報の整理をして、わかりやすく情報を掲載した上で、伝えたいことも伝わるホームページにしましょう。

情報は、整理して掲載する

　ホームページを企画する時、掲載する内容があれこれと浮かんできます。会社概要、採用情報、スタッフコメント、サービス案内…たくさん入れなくては！　と考えてしまいますよね。

　最初から整理して頭の中で組み立てるのは大変です。
　ですから、ホームページに掲載する内容をいったんすべて書き出してみてから、コーナーごとに整理することをおすすめします。

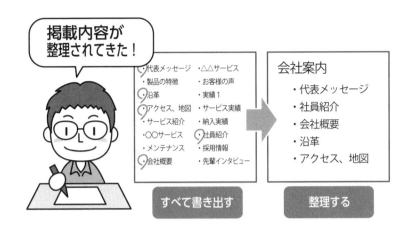

　その書き出し方は、まずノートに、ホームページに掲載したい内容の項目だけを、思いつくままにすべて書き出します。

　その項目をみながら、関連性があるものをまとめて、最終的にホームページの構成へ整理していきます。手を動かして項目をみていると、自然に頭の中も整理されて、他人がみてもわかりやすく情報の整理がされていきます。

　そうして書き出して整理すると、ユーザーがわかりやすい構成になります。そして、それは検索エンジンにとっても内容がみやすいことにつながります。先ほど説明したように検索エンジンも今ではホームページの内容をしっかり確認して、ユーザーにとって価値のあるページかどうかを見極めています。ですから、**ユーザーにとってわかりやすいということは検索エンジンにとってもわかりやすいということになり、検索順位が上がることを意味します。**

　ホームページをみた時に、メニューが20個くらい掲載されているのをみて、目的のものをすぐに探しだせますか？

みるだけで、嫌になってしまうかと思います。

メニューが6個くらいの方がすぐ選べるかと思います。
目的と正確に一致していなくても、近い項目のものがあれば、そこから目的の情報を探そうとしますよね？

ですから、多くの情報をずらっと並列配置することはやめましょう。
パソコンでの情報整理で、フォルダー分けしてファイルを入れることをするかと思いますが、そのような感じで、ホームページの各ページも整理して設計することが、集客できるホームページの条件でもあります。

1-5

集客できないホームページ
トップページのタイトルが社名のみ

集客できるホームページ
トップページのタイトルをひと工夫

集客できないホームページ
「トップページのタイトルが社名のみ」

トップページのタイトルが社名しか入っていないホームページは、集客できません。

そして、日本人向けのサービスや商品を販売しているのに、英語での社名タイトルを入れてしまうと、ホームページ訪問者が理解できず、ホームページを閲覧してくれません。

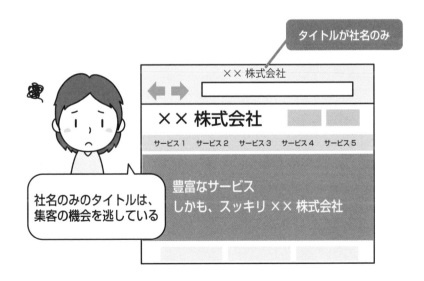

タイトルが社名のみ

×× 株式会社

サービス1　サービス2　サービス3　サービス4　サービス5

豊富なサービス
しかも、スッキリ ×× 株式会社

社名のみのタイトルは、集客の機会を逃している

いずれにせよ、考えてみてください。

例えば、中小企業の場合、世間的に会社名は知られているでしょうか？知名度の観点から、社名での検索はされないことがわかるでしょう。

たとえ大企業であったとしても、見込み客がインターネットで探すのは、自社で使いたいサービス・商品です。

社名が検索されるということは大企業であっても考えづらいかと思います。

このように、社名だけのトップページタイトルは集客の機会を逃し続けているのです。

集客できるホームページ 「トップページのタイトルが工夫されている」

集客できるホームページのタイトルには、社名だけでなく、商品やサービス、対応できる地域、この3つの要素を入れます。

例えば、横浜に住んでいる方が「確定申告をしてくれる税理士を探したい」という場合。

検索エンジンで検索する時、「税理士」だけでなく、「確定申告」という検索ワードも入れるでしょう。

さらに、できるなら近いところが良いと地域「横浜」も検索キーワードに入れる。その場合、ページタイトルが「〇〇税理士事務所」だけより「**横浜駅から2分で確定申告：〇〇税理士事務所**」の方が、検索順位が上に表示される可能性が高いのです。

ですから、トップページのタイトルは「社名」＋「商品・サービス」＋「対応地域」とセットで入れ込むようにしてください。

タイトルに
商品・サービス、対応地域

横浜駅から２分で確定申告：○○税理士事務所

○○税理士事務所

代表メッセージ　対応サービス　お客様の声　事務所案内

まかせてスッキリ確定申告
相続も対応！

タイトルには、
社名だけでなく
主要サービスと地域名も！

ページタイトルで検索順位が変わることもある

　ホームページにおいて、ページのタイトルは重要です。

　ページタイトルは、ページ中の大きい見出し文字だけではありません。

　図のように、ブラウザの枠の部分で表示されているものが、正式なタイトルになります（技術的にいえば、HTML の TITLE タグで設定されています）。各ページに必ず１つ、タイトルは設定されます。

　人がよく目にするのは、検索エンジンで表示されている画面です。

　キーワード検索して、結果が表示されると、各サイトの一覧で並びますが、このリンクしている文字がページのタイトルになります。

　多くの人は、このページタイトルをみて、選び、そのリンクをクリックして、ホームページを閲覧します。

　「求めている情報がありそうだ」と興味を持ったら、クリックする確率が高まります。

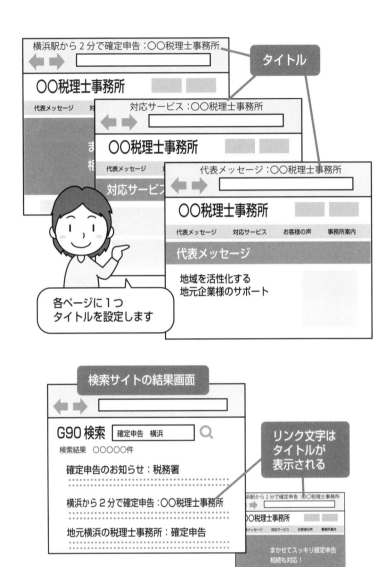

検索エンジンもタイトルは重要視しています。

タイトルに沿った内容がページ内に書かれているかどうか判断します。

そのためタイトルは、そのページの検索順位を決定する要素にもなってい

ます。

　ちなみに、タイトルの文字数は、30文字程度を目安に設定するとよい
です。あまりに長いとユーザーが検索できません。

　そして、タイトルの中に、見込み客をはじめとするユーザーに検索され
るであろうキーワードを入れましょう。

　さらに、忘れてならないことは、**タイトルで入れたキーワードは、必ず
ホームページ内の文章にも入れること**。

　タイトルだけにキーワードを入れても、ページ中の文章に入っていなけ
れば、検索エンジンがタイトルとホームページ内の文章がマッチしている
のか判断ができなってしまいます。

1-6

集客できないホームページ すべてのページタイトルが同じ

集客できるホームページ ページタイトルを各ページに合わせる

集客できないホームページ 「すべてのページタイトルが同じ」

ホームページの各ページのタイトルが、すべて同じタイトルだと、集客できません。

トップページだけでなく、サービス案内でも社名のタイトル、実績ページでも社名のタイトルと、すべてのページでタイトルを社名などに統一している場合があります。

これはおすすめできません。

検索エンジンは、タイトルからページに何が書いているのか、判断しています。

それなのに、サービス案内でもタイトルの部分が社名、実績ページでも社名では、タイトルとそのページ内容に整合性がないように捉えられてしまいます。

その結果、それぞれのページが検索上位にはいかないということになります。さらに、検索結果でリンクしている文字もページタイトルです。

見込み客やユーザーは、このページタイトルで判断しているのに、社名だけでは、自分が探している内容なのか、瞬時に判断できません。その結果、クリックするのをやめて、ホームページをみてもらえないことになり

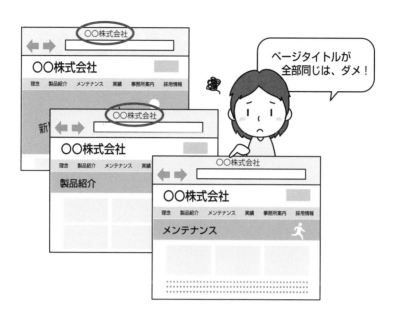

かねません。

「ページタイトルを各ページに合わせる」

集客できるホームページでは、各ページに合わせたページタイトルを設定しています。

サービス案内でしたら、そのページに掲載しているサービス名や商品名。

実績ページの場合は、その実績の内容が入ったタイトルといった具合です。例えば、リフォーム会社の実績ページタイトルでしたら、「マンションのキッチンリフォーム：〇〇県〇〇市」というページタイトルにします。

前述のように、検索エンジンは、今では1ページごとに丁寧にページをみて判断しています。

ページタイトルと、そのページ内に掲載されている文章や画像をみて、タイトルと整合性があるかどうか確認し、良いホームページであると判断

すれば、検索上位になります。

　さらに、ホームページ訪問者も今ではトップページだけから入ってくるとは限りません。

　それぞれが求めるページから入ってくるかもしれません。

　その時、そのページにあったタイトルをきちんとつけておいた方が、クリックして閲覧される確率が高まるのです。

　したがって、各ページ内容に合わせたページタイトルを設定しましょう。

　さらに、地域名も入れられれば、ベストです。なぜなら、検索する人は、自分の住んでいる地域名を検索キーワードに入れることが多いからです。

ユーザーと検索エンジンの目的は同じ

　今では、インターネット上でホームページの情報を集めている検索エンジンのサーチエンジン・ロボットは、ホームページの1ページ1ページの文章や画像を丁寧にみて、情報を集めています。

ですから、コンテンツ（掲載内容）がしっかりしていないと検索上位に上げてはもらえません。

　面倒くさいからとタイトルにだけよく検索されるキーワードを入れて検索上位にさせようとしても、とりあえず重要な検索キーワードだけ入れてページを適当につくったとしても、そして他のホームページからリンクをたくさん張ってもらってアクセスの良いホームページであるとみせようとしても、検索上位には表示されないのです。

　サーチエンジン・ロボットは、だませません。年々、進化していて、賢くなっているからです。

　検索エンジンは、業種によって、ホームページの画像数も判断しています。例えば、ウエディング業界でしたら、画像が多いほうが閲覧者は満足するので、文章よりも画像が多いホームページを検索上位に表示するなどです。

　集客できるホームページにするには、**検索キーワード、写真、ホームページの文章、タイトル**など総合的に**検索エンジンが確認しやすいように**対策する必要があります。

　難しく思えるかもしれませんが、検索エンジンと見込み客やユーザーの

目的は、実は同じです。

　Googleなどの検索エンジンの目的は、「閲覧者が探している情報と最も
関連性が高く有益な検索結果を瞬時に探しだす」ことです。そして見込み
客やユーザーの目的も同じです。
　そういった方々に向けて、有益な情報をできるだけわかりやすく掲載し
ていけば、おのずと検索順位は上がるのです。
　その方法を、本書では紹介しています。

ホームページ企画を立てる時は、関連キーワードを確認しよう

ホームページは多くの場合、ユーザーにインターネット上でキーワード検索されて、訪問されます。

ホームページから売り上げにつなげたければ、よりたくさんの人がホームページに訪れるように「検索されるキーワード」を使った方が有利になります。

そのため、ホームページで使う言葉やページタイトルは検索されるキーワードを使う必要があります。

インターネット上で、どの言葉が検索されているのか？　それは、**「関連キーワード取得ツール」**で確認できます。

事例を１つ紹介します。

私が日本舞踊教室のホームページをつくった時のことです。

日本舞踊の先生は、長らく日本舞踊業界で舞踊家として活躍されている方。

「稽古場のホームページをつくって、弟子を増やしたい」とおっしゃいました。

「稽古場」、「弟子」は今あまり使われない言葉です。

先生がお使いの言葉をそのまま使って、ホームページをつくると、誰も検索できず、集客できないホームページになってしまいます。

そこで、「関連キーワード取得ツール」で、日本舞踊を習おうという人はどんな単語で検索しているのか、いろいろな単語を入れて調べ

てみました。

　「日本舞踊教室」「日本舞踊　習う」「日本舞踊クラス」…結果、「日本舞踊教室」関連のキーワードを入れて調べているものが一番多そうでした。ですからそのなかでもアクセス数が多かった「日本舞踊教室　子供」「日本舞踊教室（地域）」これに照準を合わせて、ホームページをつくることにしました。

　ホームページタイトル「〇〇流　日本舞踊教室（地域名）」とし、各ページには地域名を入れ、「子供の日本舞踊教室」というコーナーもつくりました。

　実は、日本舞踊教室は個別指導のため、子供向けクラスをもうけているわけではなかったのですが、あえて、ホームページでは子供向けコーナーを作成しました。

　「子供の日本舞踊教室」というページがあったほうが、「日本舞踊教室　子供」で検索した時上位に表示されるためです。

　その結果、ホームページの訪問者が増えたのです。

　そして、安定的に日本舞踊教室には、生徒が増えています。

　ホームページの更新は１カ月に１回ほど。

　検索順位を上げようと躍起になって、ページを追加したり、SNSをやったりもしていません。

　このように、ホームページ企画時に、ホームページで使う言葉を「関連キーワード検索ツール」で確認しておけば、成果を出しやすいホームページになります。

　普段、会社で使っている業界用語でも、見込み客やユーザーが検索しやすいように、必ず、「関連キーワード検索ツール」で確認してから、

タイトル、キーワード設定をしましょう。

※「関連キーワード検索ツール」と、検索するといくつかでてきます
　が、使いやすいのは「ラッコキーワード」（URL: https://related-
　keywords.com/）です。

第 2 章

トップページ編

- ☑ 最初のページから引き込もう
- ☑ トップページのデザインをチェックしよう
- ☑ すぐにわかる日本語を使おう

2-1
最初のページから
引き込め

　トップページとは、ホームページの最初のページ・おおもとのページのことです。

　本書では、わかりやすくトップページと呼ぶことにします。

　多くの閲覧者がみる最初のページになります。

　そして、ホームページ内で迷ったら戻るページでもあります。

　始めに戻ることで安心感を得られる効果もあるようです。

　このようにトップページは、ホームページの中でも訪問者からたくさんみられるページになります。

　だからこそ、トップページから引き込めれば、ホームページに集客でき

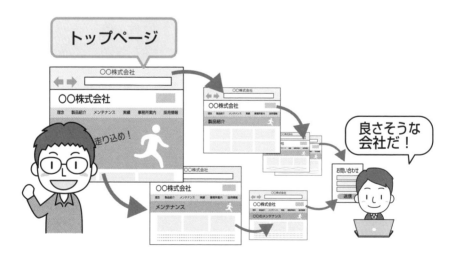

る可能性が高くなります。

　さて、そんなトップページの主な役割は、2つあります。
1）会社の第一印象を決める
2）他のページに誘導する

1）会社の第一印象を決める

　多くの閲覧者が最初にみるページになるので、会社の第一印象を与えることになります。

　トップページの印象で、あなたの会社が判断されるのです。

　人の第一印象は3秒で決まるとも言われますが、それはトップページにも当てはまります。やはりトップページの印象が悪いと、訪問者は出て行ってしまいます。

2）他のページに誘導する

　トップページは、その他のページへ誘導する役割も持ちます。

　わかりづらいと、訪問者はスムーズにページを閲覧できません。

　訪問者が、思わず商品やサービスを買いたくなるような、そして問い合わせしたくなるようなページがあるのにも関わらず、トップページの印象が悪く、みてもらえなかったら、集客にはつながりません。

　このように、みせたいページへ誘導するためにも、トップページは重要な役割を担っているのです。

トップページデザインのチェック指標

　ホームページのデザインも、まずはトップページからつくります。

　「こんなデザインはいかがですか？」と提示された時、綺麗だから、カッコ良いから、会社のイメージと合っているからなど、漠然とデザインを

チェックしてはいけません。

　トップページの役目は、第一印象を決めるだけでなく、みせたいページ
へ誘導する役目もあるのです。

　実はみやすいだけでなく、ホームページ訪問者が使いやすいデザインが、
良いデザインです。

　見た目だけでなく、使い勝手でも、会社の印象は左右されます。

　ですから、**デザインのチェックをする場合は、①見た目の印象、②わか
りやすく使いやすいか、2点を指標にしましょう。**

　さらに、ホームページからの集客を狙う場合、本章でお伝えする要素が
トップページデザインの具体的な判断基準となります。

　運営されているホームページのトップページに、本章で紹介する要素が
なければ、入れてみましょう。

2-2

集客 できない ホームページ	英語が並んでいる
集客 できる ホームページ	**すぐにわかる日本語**

「英語が並んでいる」

　社名ロゴが英語、メニュー名が英語、ちょっとしたキャッチコピーが英語。英語を使ったホームページは一見、スマートにみえます。

　しかし、残念ながら、英語を多用したホームページでは、集客できません。

　なぜなら、年齢層の高い方は、英語だと、すぐに内容を理解できないからです（特に企業では、年齢層が高い方の方が決裁権を持っています）。

訪問者は、自分が求めている情報を探しています。

　それが英語で書かれており、社名なども認識するのに時間がかかる、結果どこに何があるのかわからない。

　これでは大きなストレスになります。

　すると、訪問者は、競合他社のホームページをみにいくことになります。

　それだけ、すぐに理解されないということは、欠点となるのです。

　お客様が英語を使う企業が多い場合は、英語を使うべきですが、そうでなければ、英語での表記は避けましょう。

集客できるホームページ 「すぐにわかる日本語」

　社名が日本語表記、メニュー名も内容がイメージできる日本語で表記されている、このようにすぐにわかる日本語を使っているトップページは、集客できます。

　日本人の場合、すぐ認識できるのはもちろん日本語です。

　あなたは「Company」と「会社案内」どちらが内容を瞬時にイメージできますか？　「会社案内」と書いているほうだと思います。

　確かに英語で書くとスマートには、みえます。

　しかし、スマートにみえる＝集客できるわけではありません。

　人間は、わかりやすく書かれていなければ理解できませんし、まして行動はできません。

　みたいページの内容がよくわからない、そして、よくわからないから買わない、問い合わせをしない。

　反対に、理解できたら、購入や問い合わせなどの行動に移しやすいのです。

　ですから、ホームページ集客では、わかりやすさが命。

できるだけ、日本語表記を心がけましょう。

ホームページの名称、メニュー名、タイトル

　ホームページをみている時、訪問者はまず「何のホームページか？」を判断します。

　会社の公式ホームページなのか？　どのような商品を扱っているのか？　自分が求めている商品はあるか？　取引しても大丈夫なのか？　などこのように次々とホームページに質問を投げかけながら、みているのです。

　この時、英語表記のよくわからない用語があったりすると、理解しづらくなり、不快になってしまいます。

　イメージしてみてください。あなたがある会社を訪問します。

　その受付で、「総務の山田さんにお会いしたいのですが？」と尋ねました。すると、受付の人が、英語で答えてきた。出された案内も英語表記だった。

　そのような対応を受けた時、どんな気持ちになりますか？

　「日本語でやり取りしたいのに!?」と腹が立ちませんか？

スマートにみえるからと、むやみにホームページの名称やメニュー名を英語にするのは、会社の受付が、日本人に向けて、英語で案内しているのと同じ状態なのです。

　さらに、英語をタイトルにしてしまったら、最悪です。

　日本人は英語でキーワード検索はしません。

　結果、検索に引っかからないホームページになってしまいます。

　ですから、ホームページの名称、メニュー名、タイトルは、日本語表記にしましょう。

2-3

集客できない ホームページ	**素材集の写真を使う**
集客できる ホームページ	**社長などの写真を使う**

集客できない ホームページ 「**素材集の写真を使う**」

　スマートなオフィスイメージ、綺麗な女性モデルの顔…こういった写真が掲載されているホームページは一見スマートにみえます。

　しかし、残念ながら、集客には結びつきません。

　今ではインターネット上で探すと、たくさんの綺麗な写真は著作権フリーの素材として、手に入ります。

　そして、ホームページでも自由に使うことができます。

　それゆえに、気軽に使える素材は、印象に残りません。

　さらに最近は、ユーザーも素材集を見慣れていて、「あ、これは素材集の素材だ」と気づく人も多いのです。

　このような状態で、会社の差別化はできるでしょうか?

　例えるなら、同じ背格好で、同じようなスーツを着ている営業マンが何人もいたら、あなたはすぐに名前を覚えられるでしょうか?

　覚えられないと思います。

　それと同じように、素材集を多く使ったホームページは印象に残らず、集客にもつながらないのです。

素材集多用の
トップページ

印象薄いなぁ

集客できる ホームページ 「社長や社員などの写真を使う」

集客できるホームページは、自前で撮影した写真を使っています。

特に、人の顔がみえる写真です。

中小企業の場合、大企業と違ってブランド力がありません。

社名もサービスも知られていない状態です。

ですから、会社のホームページで、訪問者はサービスの内容やリリースを文章で長々と書いていても読まないでしょう。そもそも興味がないと思っていた方が良いくらいです。

逆に、ホームページ内の写真などの画像をパッとみて、気になったら、文章や説明文も読んでくれます。

ですから、訪問者を惹きつけられるよう、写真を掲載しましょう。

一番の差別化になるのは、人の顔です（あなた以外、同じ人間はいませ

ん）。

　顔を出すことのメリットは、本能的に「人は人の顔に好感度を抱く」傾向があるからです。

　そして、もう1つは、**顔を出すことによる信頼性**です。

　特に社員の集合写真を掲載することは、「団結」と「信頼」を伝えることができます。

写真に、投資せよ

　写真は苦手だし、自分はカッコ良くないし、綺麗でもない。

　だから写真を入れると逆効果なのでは？　と、お考えの方もいるかと思います。ご安心ください。

　例えば、あなたは道ですれ違う人の顔をみて、その都度マイナスな印象を持ちますか？　そうはならないと思います。

それと同じことです。ただ、自分の顔には、欠点ばかり目についたりしますよね。

　そんなあなたに、お伝えしたいことがあります。
　実は、自分では自分の顔は、見慣れてないのです。
　自分の顔は、顔を洗う時や化粧する時に鏡でしかみていません。
　さらに、鏡はあなたの顔を左右反対に写しています。
　ですから、写真には違和感があるのです。

　それでも写真が、どうしても苦手！　と感じる方もいると思います。
　そんな時は、**写真に投資してください**。写真はつくるもの。
　プロのカメラマンに撮影してもらえば、明るい好印象な写真が手に入ります。
　インターネットで検索すれば、腕のいいカメラマンがみつかります。そして写真うつりは、回数を重ねることで上達します。ぜひ写真撮影にチャレンジしてみてください。

　最後に、自分の写真は自分で選ばないほうが良いです。
　ホームページでは、人からみて良い印象の写真を使うべきだからです。よく考えてみるとホームページは人からみられるものですから、当然のこと。それを、自分が選ぶと、どうしても余計な感情に左右されてしまいます。
　それは、自分に近しい家族や社員も同様です。
　写真の選定は、周囲のホームページのターゲットに近い人に選んでもらいましょう。

A   B   C

本人は、Cは目が細いから
嫌だと言ってましたが、

他人から見ると、
Cが印象が一番
良かったそうです

2-4

集客できないホームページ 何を売っているのか不明

集客できるホームページ 売っているものが瞬時にわかる

集客できないホームページ 「何を売っているのか不明」

インターネットで検索したら、検索結果の上の方から、次々と会社のトップページをみます。

そうしてあなたの会社にたどり着いた顧客が「**いったい何の事業をしているのか、商品は何なのか？　すぐわからない！**」と感じたとします。

トップページで瞬時に「何を売っているのか」わからない場合、ホームページ訪問者は、同じ検索結果で表示されている別の会社のホームページをみることになります。

知らず知らずのうちに、他社にチャンスを与えている結果になります。

ですから、トップページで、何を売っているのかすぐわからないホームページでは、集客できません。

クリックするかしないか決定するのは、0.5秒で決めている、とも言われています。

ですから、トップページのファーストビュー（最初に表示される画面。ページ上部）で、何を売っているのかわからない場合は、それだけで、見込み客を逃している可能性があるのです。

ファースト
ビュー

わからない

いったい、
何の会社？？

2

トップページ編

集客
できる
ホームページ **「売っているものが瞬時にわかる」**

集客できるホームページは、トップページのファーストビューから、何を売っているのかすぐわかるものです。

言うなれば、ホームページはインターネット上のお店なのです。

あなたは、お店の入口でどんな料理を出すのかわからないところに入って、何か食べようと思うでしょうか？

相当な勇気がないと、お店に入ろうとは思わないはずです。

何の料理なのか、どんなメニューがあるか、価格はどのくらいか、すぐわかるお店に入ると思います。

ホームページも同じことです。

トップページのファーストビューを改めて確認してみてください。

あなたのホームページは、売っているものがすぐにわかりますか？

大企業のトップページを真似してはいけない

　お客様は、お店の店頭をみて、入るかどうかを決めます。トップページ
も、店頭と同じ役目です。

　高級店は、営業しているだけでもお客様は入ります。それは固定客がい
るからです。

　店の名前だけで購入する人や入店する人がいる、言うなれば、ブランド
が確立している状態です。日本では、99%以上が中小企業。

　中小企業でブランドを確立している会社は少ない状態です。

　これからブランドを構築しようと計画している会社は、自社が何を売っ

ているのか、知らせなくてはなりません。

　ですから、大企業のホームページや、ブランドが確立している会社のホームページをみて、よさそうだからと同じようなホームページをつくるのは、危険なのです。

　労力をかけても集客できないホームページになってしまいます。

　開店してまだ何年も経っていないのに繁盛しているお店の店頭を観察してみてください。

　店頭から、何の料理があるか、写真つきでわかりやすくメニューが紹介されていませんか？

　このように何を売っているかすぐわかるお店にお客様が入るのと同じように、**あなたのホームページも「何を売っているのか」トップページですぐわかるようにするべきです。**

　周囲をよく観察して、たとえ違う業種でも、ホームページ集客がうまくいっている、そんな会社のトップページと同じ要素をまずは入れてみてください。

　知人から聞いた集客がうまくいっているホームページを見たり、検索上位の、ホームページをみるとわかりやすいかと思います。また、同じ単価の商品を扱っている会社なども参考にしてみてください。

2-5

集客できないホームページ 更新日が1年以上も前

集客できるホームページ 更新日が1カ月以内

集客できないホームページ 「更新日が1年以上も前」

トップページでは大概、お知らせなどの更新情報がみえるコーナーがあります。

その最終更新日が1年以上前だったら、集客できないホームページです。

中小企業のホームページでは、時々、こんな表示を目にすることがあります。

「ホームページをリニューアルしました！」

その日付が、2017年4月。

本書発売時は2021年ですから、4年以上も更新していない。

これは実際によくある話です。こういったホームページをみたら、どう感じますか？

・この会社、今、営業しているのかな？

・もしかすると、すでに倒産しているのかもしれない

などと思いませんか？

たとえ商品やサービスに興味があったとしても、コンタクトはしないでしょう。

このように、トップページの更新日が1年以上も前の場合、集客できないホームページになってしまいます。

集客できるホームページ 「更新頻度は月に一度」

　集客できるホームページにするためには、更新の頻度は、最低でも１カ月が望ましいです。ようするに、月に一度は何かしら更新して、「会社の動きをみせよう」ということです。

　SNSやブログ程、頻繁な更新は、ホームページでは必要がありませんが、月に１度は更新をして、対外的にも会社に動きがあることを伝えましょう。

　そうすることで、継続的にしっかり事業をしているという信頼を得ることができます。

　「月に１回はホームページを更新するといっても、伝えることがない」と思われる方もいるかもしれません。

　毎日業務を行い、特に変わったところはない。だから何も社外に対して伝えることはない。確かに、そう考えても当然かと思います。

　ですが、社外の方にとっては違います。

　例えば、社内で社員の誕生日会をした、全員参加の経営会議を行った、

エントランスの花を生け替えた。

そういったことでも、他人からみれば、
- ・誕生日会などを行う＝社内の人間関係が良い
- ・社員全員参加の経営会議をしている＝意識が高い
- ・花を生けている＝お客様を気遣っている

などのように受け取られるのです。

ですからまずは、そういった細かいことでもニュースとして知らせることから始めていきましょう。

社長が花を生けるネタをニュースに書こう！

更新を行うと、検索順位でも有利

定期的にホームページを更新すると、もう1つ良いことがあります。それは、**検索エンジンにも、良い印象を持たれる**ということです。

結果、それは検索順位にも有利に働くことになります。

通常、検索エンジンの中にある、サーチエンジン・ロボットは、インターネット上に存在するホームページを回遊して、その情報を検索エンジンに持ち帰っています。

更新が頻繁にされているホームページには、サーチエンジン・ロボットが定期的にやってきて、その情報を持ち帰ります。

ですから、更新頻度が少ないホームページの場合は、サーチエンジン・ロボットがやってくる頻度も少なくなってしまいます。

　サーチエンジン・ロボットがこないホームページは、サーチエンジン・ロボットが検索エンジンへ情報を持ち帰らなくなるので、ホームページを更新しても、なかなか検索エンジンに表示されない、順位が上がらないという状況になってしまいます。

　見込み客をはじめとするユーザーは、検索エンジンからあなたのホームページにやってきます。

　ホームページ集客には、検索エンジンでの検索順位を上げて、できる限り多くの見込み客やユーザーに来てもらうことが大切なのです。

　ですから、検索エンジンの順位を上げるためにも、サーチエンジン・ロボットが頻繁にくるように定期的にホームページを更新しなければなりません。

2-6

集客 できない ホームページ	**どこにある会社か 連絡先がすぐわからない**
集客 できる ホームページ	**どこにある会社か 所在地と連絡先が明確**

集客 できない ホームページ 「どこにある会社か連絡先がすぐわからない」

トップページをみて、

「この会社のサービスが良さそう。どこにある会社なのだろう？　連絡先は？」

と訪問者が考えた時、会社案内ページを探して場所を確認したり、連絡先を確認したりすることで、手間がかかると、集客は難しくなります。

住所や電話番号、問い合わせ先は、トップページに掲載する情報としては、基本中の基本です。

ですが、それらの情報がトップページに掲載されていない会社のホームページは結構あります。

訪問者の立場になって考えてみてください。

「この会社良さそう、連絡してみようかな？」

と思った時に、連絡先がすぐみつからなかったら「探すのが面倒くさい」と考えて、競合他社のホームページをみにいくと思いませんか。

検索エンジンで検索すると、検索結果に競合他社がずらっと並んでいて、どの会社でも選べる状態です。

いわば、営業マンが横並びにずらっと整列しているのと同じです。

そんな状態であれば、話しかけやすい営業マンに仕事の話をするでしょう。

　ですから、トップページに、会社の所在地・連絡先がないホームページでは集客できません。

集客できる ホームページ 「どこにある会社か所在地と連絡先が明確」

　集客できるホームページのトップページは、所在地と連絡先が明確にわかります。仕事を依頼する時、その会社の所在地は重要な判断基準です。

　近い会社の方が便利ですし、多少遠くても場所がきちんとわかる方が、信頼できるからです。

　また連絡先がすぐわかれば、閲覧者のストレスも軽減され、それだけ会社の印象も良くなります。

　そして、所在地をきちんと表示することは、検索順位にも良い影響を与えます。

　なぜなら、人は検索キーワードを入れる時、地域名も一緒に入れることが多いからです。

　例えば、就業規則を社労士に作成してほしい時、こんなキーワードを入

れます。「就業規則作成　八王子」。

　打ち合わせが必要なサービスの依頼をしたい場合は、できるだけ近くが良いと思うので、地域名まで入れるのです。

トップページに所在地があれば、地域名を入れた検索キーワードで、検索上位に表示される可能性が高まります。

　地域名を入れて検索してきた見込み客やユーザーに対して、会社の情報をヒットさせることができるのです。

　ですので、どこにある会社か所在地と連絡先を明確に、トップページでは掲載しましょう。

何をしてほしいのかをわかりやすく!

　トップページをみただけで、訪問者に、何をしてほしいのか、明確になっていない場合があります。

　例えば、事業の案内をしているだけの税理士事務所ホームページの場合。

　ホームページに、先生のプロフィール、対応内容、料金表、事務所案内があります。

　お問い合わせコーナーや連絡先があったとしても、実はいきなり申込む人はなかなかいません。

　税理士事務所のサービスは、モノではなく人によるサービスなので、相性があるからです。

　その場合、連絡先を表示するだけでなく、無料相談やセミナーなど「実際に会う」という段階をつくる必要があります。

　ですから、トップページから「無料相談」という表示をつくって、申し込めるよう明示する必要があります。

習い事教室の場合は、ホームページから「見学や体験」に落とし込む。

　また、高額商品の場合は、一度で決めず他社と比較検討することもあるので、今後も連絡できるよう、「まずは、メルマガやLINE登録」などが考えられます。

　このように扱う商品・サービスにより、ホームページで顧客に「何をしてほしいのか」は違ってきます。

　ホームページをつくる前に、その戦略を立てましょう。

　その上で、トップページをひと目みて、閲覧者に何をしてほしいかきちんと伝わるよう、デザイン・文章をつくり込むと、ホームページ集客につながります。

コラム 【ホームページデザインの判断基準】 ホームページ訪問者はホームページをみるだけでなく、使っている

　この本を読んでいる読者の多くは、ホームページデザインの経験がない方だと思います。

　しかし、ホームページをつくるとなると、あなたは「デザインがこれで良いかどうか」判断することになります。

　ホームページ制作業者に、修正箇所なども指示しなければなりません。

　ここで、「専門家にお任せします」と、業者に任せっきりではいけません。

　なぜなら序章で説明したように、大工に店舗の商品陳列も任せてしまうことになるからです。

　そこで、ホームページデザインの判断基準をお伝えします。

　その基準は「**ホームページがわかりやすいか、クリックしてほしいところがすぐわかるか**」です。

　最近、こんなホームページがありました。

　トップページに、羅針盤の写真があり、スタイリッシュでカッコ良い。しかしそこは医療機器の会社だったのです。

　パッとみて、そのホームページが医療機器の会社なのか、羅針盤のデザインからは、わかりませんでした。

　また、クリックすべきところが分からない会社もありました。税理

士事務所のホームページだったのですが、トップページがアニメーションで、カッコよく動いていました。

　この事務所の事業内容を詳しくみようとクリックした瞬間・・・アニメーションが動いてしまい、結果、別のページが表示されてしまいました。「見たいものが、見られない」、このストレスは相当なものです。普通はこの１カ所でこの事務所のホームページは見放されます。このように、クリックがしづらいというだけで、見込み客を逃してしまうわけです。

　デザイナーなどの専門家は日常的にWebデザインをしているので、ユーザーの目線が欠けてしまうことがよくあります。

　そこをあなたが補えば、訪問者にとってより良いホームページのデザインになるのです。

　また、ホームページをみている訪問者は、あなたのホームページをみるだけでなく、**ホームページを使ってもいるのです。**

　そこで、クリックするところがわからない、どこにリンクがあるのかわからないなど使いにくいと判断されたらどうなるでしょう。

　さらに、会社の印象はどうなるでしょうか？

　「使いづらいホームページの会社は、対応も悪いのでは？」と思われてしまうのです。

　ホームページのデザインは、かっこよくみせるためではなく人が使いやすく設計する必要があります。

　ですから、あなたがホームページの専門家ではなくとも「ホームページ訪問者はどう思うか」という観点から、自社のホームページは使いやすいか、使いにくいか考えることで、判断できるのです。

第 3 章

会社案内編

- ☑ 信用を一番伝えられるのは人
- ☑ 社長自ら会社を紹介しよう
- ☑ 会社案内に掲載する項目をしっかり押さえよう
- ☑ ホームページに写真を掲載する意義を伝えよう

閲覧者の意思決定を左右する

ホームページをみていて、

「このサービス良さそう。依頼してみようかな？」

「この商品買ってみようかな？」

と思った時、次にどのページをみますか？

すぐ問い合わせしたり電話をかけたりするでしょうか？

その前に、その会社がどんな会社か確認しませんか？

多くのホームページ訪問者は、**ホームページでみつけた会社に連絡する前に、会社案内ページをみています。**

連絡する前の最終確認が、会社案内ページなのです。

本書をお読みの読者も、何気なくホームページの会社がどんな会社か気になり、連絡を入れる前に、会社案内ページを最後にみたことがあるかと思います。

このことは、各社のアクセス集計にも表れています。

多くのホームページのアクセス集計をみると、特にモノではないサービスを提供している会社の場合、トップページの次にアクセスが多いのは、会社案内のページです。

商品を販売している会社の場合でも、商品の次にアクセスが多いのは、やはり会社案内ページです。

そして特にBtoBのビジネスの場合は、かなり注意深く会社案内ページがチェックされています。

BtoBの場合、取引金額が高くなる傾向があるので、信用が大切になるため、当然です。

このように、訪問者の意思決定を左右するのが、会社案内ページなのです。

会社案内ページの内容が良ければ、連絡や購入につながります。

反対に、内容が悪ければ、そこで連絡や購入をやめたりすることになってしまいます。

信用を一番伝えられるのは「人」

会社案内といえば、「会社の住所や地図、連絡先などの会社概要を入れておけば良いのでは？」と考える方もいますが、残念ながら、それは間違っています。

名前が知られている企業ならともかく、そうでなければ、会社概要だけで、信用を得るのは難しいのです。

では、信用されるために、何を掲載すれば良いか？　それは、「社員」の写真です。

とはいえ、写真があるだけでは、不十分です。

その会社ではどんな社員が、どんな想いで商品をつくっているのか、どのように働いているのか、それらが伝わってはじめて、信用に値する会社だと認識されるのです。

信用に値する会社だと会社案内のページで伝えられれば、ホームページからの集客につながります。

さらに、「人」こそ、競合他社との差別化ができる要素。

現代では、高品質な製品・サービスが世の中にあふれています。

いくら言葉を尽くしても商品・サービスの説明だけが書かれているホームページであれば、またそれがどこにでもあるような商品であれば訪問者は、他社のホームページをみにいってしまいます。

ですが、会社で働いている社員の人となりがわかれば、「ここで買おうかな」と思われる可能性が高まります。

　さらに、「**多少高くても、この会社で働く社員の想いが素晴らしいし、サポートもしっかりしてくれそうだな**」と好印象を持たれることにつながるかもしれません。

　訪問者が欲しいのは商品だけではないのです。

　その商品を買うことで「こんな人が手掛けている製品を買えた」「こんな想いがつまったサービスの提供を受けている」などの「物語」が欲しいのです。その「物語」を伝えられるのは、その商品をつくっている社員しかいません。

　ですから、ホームページで「想いを伝える」ことが大切なのです。

　3章では、会社案内にどんな内容を掲載すれば、ホームページ集客につながるのか、具体的に解説してまいります。

3-1

集客できないホームページ 会社概要のみ

集客できるホームページ 社長が自ら会社を案内する

集客できないホームページ 「会社概要のみ」

この商品・サービス良さそう。では、この会社はどんなところなのだろう？

メニューから「会社案内」をクリック。

そこで、表示されるのは、会社概要の一覧。

会社名、住所、電話番号、設立日、代表者名、許可・免許など。

残念ながら、会社案内がこのような会社概要のみでは、ホームページからの集客はできません。

なぜなら、会社概要のみでは、その会社がどんな会社なのか訪問者に伝わらず、結果、信用できる会社なのか判断できないからです。

ホームページをみている訪問者は、こんなことを思っています。

「商品を注文して、期日通りに求めているロットで商品を送ってくれるか？」

「信用して取引できる会社なのか？」

この不安を解消するために真っ先にみるのが、会社案内。

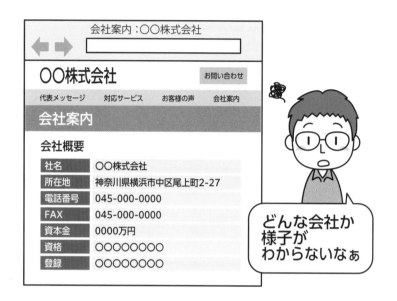

ですが、この会社案内の掲載情報が、会社概要の一覧だけだったら？

「実際にどんな会社なのだろうか？」という疑問が残ります。

会社概要だけでは、情報が少ないのです。

 ## 「社長が自ら会社を案内する」

想像してみてください。ある会社を訪問しました。

その会社のエントランスに入ろうとすると、中から社長が出てきて、親しみやすい笑顔で挨拶をしてくれました。

そして、なんと社長自ら、あちこち会社の案内をしてくれたのです。

当然、こんな会社には好感を抱いて、多くの方が「信用できる」と感じることでしょう。

ホームページでも、「社長自ら会社を案内」しているような会社案内は

信用されて、集客できるのです。

　ホームページの「会社案内」をクリックすると、社長からの挨拶とにこやかな写真。

　そして、会社理念や行動指針、会社概要。さらに、社屋や会社内部の様子がわかる写真。実際に業務にあたる社員の様子。

　まるで、社長自ら会社を案内しているような訪問者への豊富な情報を目にすると、信頼ポイントが訪問者の中で高まっていきます。

　その結果、自然に「この会社は信頼できる」と認識してくれるようになります。それでこそ、ホームページ集客につながるのです。

会社案内に何を掲載するか?

　ホームページ集客につなげるためには、会社案内で何を掲載すれば良いのでしょうか?　下記に記載します。

- 社長挨拶やメッセージ（写真つき）
- 社長のプロフィール（写真つき）
- 会社理念、行動指針など、会社の考え方や基本的ルールがわかるもの
- 会社概要（社名、設立、住所、代表者・役員、許可・免許など）
- 社屋、社内の様子がわかる写真
- 沿革（社歴の長い会社は特に掲載すべき）
- アクセス、地図
- 社員との集合写真
- 社員紹介、社員からのメッセージ

　思った以上に多いでしょうか?
　当社のお客様からは、「うちの業界は、社員紹介まで入れているところはまずないよ」と言われたこともあります。

　そしてそう思った方もいるでしょう。そうであればなおさら、チャンスです。
　あなたは、「自社ホームページが選ばれたい」のですよね?
　それならば、競合のホームページと違う掲載内容・量にしなければ、結果は出ません。同じでは選ばれないのです。

　今は、競合他社と同じような掲載内容で、ホームページ集客ができるような状況ではありません。ホームページは無数にあるのです（2021年6月27日現在　全世界のホームページ数　約18億6,959万個）。

たくさんあるホームページの中から、見込み客やユーザーはあなたの会社をどう選べば良いのでしょうか？

　競合他社より優れている技術・品質？

　そういったことを語ったとしても、残念ながら信用を勝ち取るまでにはいたらないのです。

　だからこそ、会社案内に力を入れて、差別化するのです。

　集合写真1枚でも、「団結力がありそう」と感じてもらえます。社員のメッセージがあれば、「この会社は社員1人1人が顧客を意識している」と好印象を持ってもらえます。

　ですから、社内でホームページ集客の意義を理解してもらえるよう社内に訴えかけて、ホームページ訪問者が思わず依頼したくなるような会社案内にしましょう。

　もちろん、上記の項目をただ掲載すれば良いというわけでなく、内容が一番大切。それは、後述します。

3-2

 集客
できない
ホームページ
代表挨拶がかたい…

 集客
できる
ホームページ
代表挨拶が
社長からお客様へのメッセージ

 集客
できない
ホームページ
「代表挨拶がかたい…」

　「2020年よりコロナ禍にみまわれ、経済状況も厳しいものとなっております。（中略）まだまだ若輩者の私たちですが、顧客の皆様方に喜んでいただけますようこれからも尽力してまいります」

　これでは、どこかの挨拶の定型文を持ってきたような内容です。

具体的でないため、記憶にまったく残りません。

このような文章になってしまうのは、「代表挨拶といえば、壇上に上がって、大勢の人を前に話すこと」と認識されている方が多いためでしょう。

しかし、ホームページの代表挨拶は、違います。

パソコンやスマホでみているのは、お客様や会社に興味のあるホームページ訪問者なのです。

ですから、１対１でお客様に対応することと同じだと考えてください。

集客できるホームページ 代表挨拶が「社長からお客様へのメッセージ」

「ご訪問いただきありがとうございます。私たちは、創業23年の税理士事務所です。横浜の地元商店様から会社様まで約300社の税務申告などを対応し、経営のパートナーとして（中略）昨年からコロナ禍で影響を受ける方や企業様も多くなり、当事務所では融資サポートや給付金・補助金など資金調達に力を入れたサポートをしております」

「こんにちは！　私たちは事務機器の販売で、横浜周辺の約300社をサポートしております。昨今はコロナ禍で、経費を少しでも抑えたいとのご相談をよく受けております。（中略）この様にお客様の状況に合わせたご提案でお喜びいただいております」

実際に新規のお客様があなたの会社に訪れたら、こんな風に話をしませんか？　距離感の近い言葉を使って、社長挨拶の文章にすると、ホームページ訪問者の心が動きます。

ホームページの文章となると、多くの方が、学生時代のレポートのようなものを書こうと考え、「高い点をとるために綺麗な文章を書かなくては

いけない」と思い込んでしまうようです。

　しかし、そういった文章は、ホームページでは響きません。

　会社のホームページは、販売促進ツールです。

　スマホやパソコンでみているホームページ訪問者に「良い会社だな」と思ってもらうことが重要です。

　そして、これがホームページの代表挨拶にもとめられることなのです。

　訪問者は社長がどんな人なのかをみています。

　社長の考えにしたがって、会社が動くのも知っています。

　そんな社長が、直接、ホームページから話しかけたら、心が動かないわけがありません。

　ですから、会社案内の代表挨拶は、適当につくってはいけません。

会社ホームページでは代表挨拶は最重要項目なのです。

意外にチェックされている代表挨拶

前述しましたが、ほとんどの会社ホームページでは、各ページの閲覧数1位は「トップページ」、そして2位は「会社案内」です。

ほとんどの会社では、アクセス集計がしっかりと確認されていないため、「商品・サービス」ページの閲覧数が多いだろうと勘違いされています。

そして、実際2番目に多くみられている「会社案内」は最初に作成した後、そのままにしている場合が多いのです。

ただ、想像してみてください。

ホームページをみて、商品・サービスが気になった。

「よし、問い合わせしてみよう！」と思った時、「会社案内」をチェックしませんか？

・しっかりと商品やサービス提供をしてくれる信頼できる会社か
・取引できる会社かどうか
を確認するのが、ビジネスパーソンである訪問者の行動です。

この会社はあやしいと不信感を抱かれてしまったら、まず、コンタクトをとらないでしょう。

つまり、「会社案内」には、閲覧者が信頼してくれる内容を提示しなければなりません。

その要素の1つが、代表挨拶なのです。

3-3

**集客
できない
ホームページ** 写真がない

**集客
できる
ホームページ** 様子がわかる写真がある

**集客
できない
ホームページ** 「写真がない」

　言葉を尽くした丁寧な代表挨拶、きちんとした会社概要、アクセスの説明、地図。

　ただ、社長の写真や社内の様子がわかる写真が1枚もない。

　これでは、集客できません。

　写真は、0.5秒で、どんな会社かどんな社員がいるのか雰囲気を伝えられます。

　ホームページ訪問者は、わかりやすい情報を求めているのです。

　写真がないと、いきなり時間をかけて文章を読まなければならない。このストレスは、会社の印象が悪くなる一因となります。

　また、立派な代表挨拶があり、名前もある。それなのに顔写真がない。

　実はここで訪問者はガッカリしてしまいます。

　「こんな素敵なことを言っているこの社長、どんな人なのだろう?」

　それなのに、顔がわからない。

　これでは、社長挨拶の効果も半減してしまいます。

しばしば、社長や担当者から「写真は素材集で良いよね？」と言われることもあります。

ホームページは、その会社のインターネット営業所のようなもの。

その営業所のパンフレットの写真が、実際に働いていない、しかも素材集の写真であるとわかる人物写真ばかりだったらどんな印象を受けるでしょうか？

今やホームページがあって当たり前の現代では、ホームページを見慣れた人ばかり。

残念ながら、綺麗すぎる素材集の写真は、すぐに訪問者が「素材集の写真だ」とわかってしまいます。

「会社の様子がわかる写真がある」

社長の顔がわかる。社員が働いている様子がわかる。

そんな写真が掲載されている会社案内のホームページは、集客できます。

製品をつくっている社員、サービスを提供する社員、すべての仕事には「人」が関わっています。

ですから、どんな製品・サービスにも物語があるのです。

製品やサービスの性能・効果だけでなく、その裏の物語を知って心が動かされないと、製品やサービスは買われません。

その物語を伝えられるのは、会社の様子がわかる写真だけなのです。

小さな修理会社の話を例に説明します。

その会社では、現場の写真だけでなく、事務所の写真も入れました。

しばらくして、社長からこんな話を伺いました。

「現場だけでなく、事務所の写真があるから、どうも信用されているようだ」

その修理会社の業界では小規模の会社が多かったのです。

ですから、その中で、事務所をきちんと持っている会社というのは少なく、それが差別化になっていたのです。

　差別化するのは、製品やサービスだけはありません。

　ぜひ会社の様子を伝える写真をホームページに掲載して、集客につなげましょう。

社員が写真を掲載したくないと伝えてきた場合は?

　「人は人の顔をみた時に好感度が20%向上する」と言われています。

　実際に、見比べてみてください。

　まったく人の顔が掲載されていないホームページと、人の顔が掲載されているホームページ。

　自分の気持ちに気がつくはずです。

　「やっぱり人の顔がある方が安心する」と。

　実際に、人の顔があると、ホームページ集客で有利になるのは確実です。

　とはいえ、「写真を出すのは恥ずかしい」という社長もいるでしょう。

　大丈夫です。顔の良しあしは関係なく、表情のほうが重要です。

　なぜなら、他人が無条件に好感を持つのは、笑顔だからです。

　さらに、社長やWeb担当者の悩みで多いのは、**「社員が顔を出すのを嫌がる」**というものです。もちろん、強要はできません。

　ただ、その際には社員にはきちんと意義を伝えた上で、掲載の判断を考えてもらうべきです。

　ホームページに写真を掲載する目的や効果を単純に知らないだけかもしれません。

　ホームページ集客することにより、売り上げが上がり、利益が出るとそれだけ給料も増えることを、丁寧に話しましょう。その一環として写真掲

載があると説明するのです。

とはいえ、「写真は苦手だ」という人もいます。

「自分が思ったような顔に映らない」「自分の顔が嫌い」という場合がほとんどです。前述したように苦手というのは、自分の顔を見慣れていないせいでもあります。

これも既に述べたことですが、ぜひ、プロのカメラマンにお願いして、社員の写真を撮影してみましょう。

また**「インターネット上に自分の写真が出ると何が起こるかわからないので不安」**という人もいます。確かにそうですね。

ただし、インターネット上での誹謗中傷の多くはSNS上からくるもので、ホームページの写真掲載により、問題が起こる確率というのは非常に低いのです（ちなみに、私は20年インターネットに顔出ししていますが、未だに嫌がらせや誹謗中傷を受けたことはありません）。

ただ、重ねて言いますが、写真を嫌がっている方もいます。

そういった場合は無理強いをしてはいけません。

写真撮影・掲載に協力してくれる社員には手当を出すというのも1つの方法だと思います。なぜなら、写真は簡単に撮影できるものではないですから。集客のための大切な仕事をしてくれていると考えて、しっかりと手当を出しましょう。

コラム　ホームページよくある失敗！
社長が社員にホームページのことを聞く

　ホームページリニューアルで新しいデザインをおみせして、お客様の社内で確認いただいたところ、社長からこう言われました。

「うちの社員から今のホームページの方が良いって言われたんだよ」

以前のホームページをつくったのは12年前。

スマートフォンにも対応しておらず、画面幅も狭いタイプでした。

一般的にみると、明らかに時代遅れのデザインでした。

　私は社長にこう言いました。

「社員の方々に、今のホームページをみせましたか？」

　結論から言うと、その会社の社員さんは今のホームページをみていませんでした。

　そもそもどんなホームページだったかも、覚えてすらいませんでした。

　おそらく、社長にいきなりホームページのリニューアルのことを聞かれて、「無駄に経費をかけるのは良くない」とか「変えるのも面倒だ」と考え、答えたのだと思います。

　その後、社員さんには、従来のホームページと、新しいホームページとをきちんと見比べてもらい、「新しい方が良い！」という答えをいただきました。

　実はホームページは、自社の社員が一番みていません。

　ですが、それは当然のことです。

　社員は、入社前の採用面接に挑む時にはホームページをみますが、

その会社に入ると、日々の仕事に忙殺されるため、ホームページをみる時間もみる必要もなくなるのですから。

　それにも関わらず、社長は前置きもなく「今度のホームページどう？」といきなり尋ねてしまう。

　せめて、ホームページをリニューアルする目的をきちんと伝えてから、意見を聞くべきなのです。

　そもそも、ホームページの意見を聞くべき相手は、誰でしょうか？

　実は、自社の社員ではありません。社員はお客様にはなりえませんから。

　それは、**お客様に近いターゲット、あるいはホームページ集客の専門家**ですよね。

　ですから、社員が喜ぶホームページと、集客できるホームページは、実はまったく違うのです。

第 4 章

実績・
お客様の声編

☑ 信頼が得られるポイントは?

☑ 集客できるホームページの一覧は?

☑ お客様と社長もしくは社員の写真を掲載しよう

信頼が得られる「実績・お客様の声」の重要ポイント

　ホームページをみている訪問者はこう考えています。

　「きちんとしたホームページだし、会社の様子もわかる。でも本当に仕事を頼んでも大丈夫かな？」

　信頼できる会社かどうか、常に考えているわけです。

　こういった懸念を解消するのは、実績やお客様の声です。

　特に、士業やコンサルタントの場合、実績やお客様の声はとても大事になります。

　モノではないサービスを提供する会社のホームページをみる場合は、それがどのように提供されるのか、どんな問題を実際に解決できるのか、効果はどうかなど、仕事を依頼しようとする前に、これらの疑問がホームページ訪問者の中で浮かびます。

　それが解消できるのが**「実績・お客様の声」**なのです。

　もちろん、商品を販売する場合でも、実績やお客様の声は重要です。

　レストランなどのお店で口コミをみて注文するのと同じように、その商品を買ったのはどんな人か、どのように使っているか、それらに注目して訪問者はホームページをみています。

　ですから、その内容がきちんと掲載されていれば、信用ポイントが貯まって、購入や問い合わせという行動へつながるのです。

　では「実績・お客様の声」に、どのような内容を掲載すれば良いでしょうか？

　具体的な内容をこの章でお伝えしていきますが、共通する重要なポイントがあります。

　それは「正直」であることです。正直さが訪問者を惹きつけます。

　「良くみせよう」という意識は、相手にわかってしまうものです。

例えば、数字で実績を表す場合。

「累計販売実績1万個」より「**累計販売実績9,832個（2021年6月30日現在）**」と記載します。

どうでしょう？　後者の方に惹きつけられませんか？

お客様の声では、

「依頼してびっくり！　みるみる売り上げが上がったのです」

だけより、

「**最初はあまり信じていませんでした。しかし、4カ月あたりから変化が出始め、1年後の売り上げは2倍になりました！**」

と掲載した後者の方が、「信用できる」と感じたと思います。

「実績・お客様の声」では、都合の良いところだけを抜き出して、ホームページに掲載しがちです。

ですが、良いところばかりみせても、なかなか信用されるには至りません。

実態と違うことも書けるということも、訪問者はわかっています。そうであるにも関わらず、よくみせようと実績を誇張して書いたり、自社商品を礼賛するだけだったりすると効果はありません。

なんでも正直に伝えると、当然、不利になることもあるかもしれません。

　ですが、都合の良いところだけ告知しているのでは、信頼は得られません。

　正直さは、長く使える武器なのです。

　それが、あなたの会社、商品・サービスの信用アップにつながるのです。

4-1

集客
できない
ホームページ
実績一覧がお客様の社名のみ

集客
できる
ホームページ
実績一覧は
社名＋地名＋対応内容の一覧

集客
できない
ホームページ
「実績一覧がお客様の社名のみ」

　実績一覧ページで取引先の社名だけをずらっと記載しているホームページでは集客できません。

　よくあるのが、**中小企業のホームページで、取引先で大企業の社名だけを並べているケース**です。

　確かに取引先に大企業があると体裁がよくなり、信頼度が上がりそうです。

　しかし、ホームページ集客にはあまり効果はありません。

　なぜなら、このように考えられる可能性もあるからです。

　「取引先に大企業が多いけれど、うちのような中小企業には対応してくれるのだろうか？」

　既に述べましたが、日本の会社の90％近くが、中小企業です。

　自然とホームページをみにくる会社も中小企業が多くなることが予想されますが、大企業ばかりの取引先一覧だと上記のような疑問をもたれてしまうのです（ただし、事業のターゲットが大企業のみという場合は、話は違ってきます）。

　さらに、実績が社名一覧のみだと、「どんな対応をしてくれるのだろう？」

という疑問には、まったく答えられていません。

　これでは訪問者がホームページから離脱してしまい、機会損失を生んでしまいます。

「実績一覧は、社名＋地名＋対応内容」

　実績一覧に、以下の内容が入っていれば、集客できます。

　「【社名】〇〇株式会社｜【地域】東京都大田区｜【対応内容】給与計算・社会保険・年金手続き」

　集客できる理由は２つです。

１）訪問者の疑問に答えている

　どんな仕事をしているか、どの地域に対応しているか、閲覧者は常に気になっています。

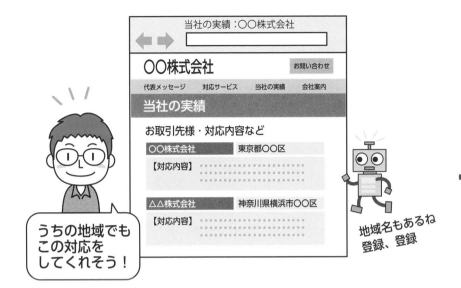

その疑問に答えているので、問い合わせがくる可能性が高くなります。

2）検索順位の向上が見込める

訪問者は、検索キーワードに地名も入れていることが多いです。

例えば「社労士　大田区」のように。

実績一覧に地名を入れていれば、地域名を入れた場合の検索順位が上がって、ホームページへの流入が増やせるからです。

どうでしょう？

実績一覧を少し工夫すれば、閲覧者への印象と、ホームページでは大切な検索順位も、一石二鳥で良くすることができるのです。

社名が掲載できない場合は?

実績一覧には、「社名＋地名＋対応内容」を書きましょう！　とお客様に伝えると、こう言われることがあります。

「うちの業界は業界特有の慣例があって、取引先名が出せないのです」

業界や対応内容によっては、社名を明かすことはできないこともあるでしょう。

そういう場合は、「業種」を掲載しましょう。

例えばこのような感じです。

「自動車用部品の金属加工会社｜東京都大田区｜就業規則作成、労務相談、給与計算」

このように掲載することで、社名がなくても、その業種の会社の対応をしていると、はっきり理解することができますね。

そして、**「この会社は取引先に製造業が多いのだな。そうしたら、うちの会社に合うかも」**と感じてくれるかもしれません。

また社名が掲載できる場合でも、業種も入れるとより良い実績一覧になることでしょう。

ネット社会では、ターゲットに有用な情報を多く掲載すればする程、信用は高まります。

まずは、「どうやってターゲットに有用な情報を掲載できるか？」という視点で、考えてみましょう！

4-2

集客できないホームページ	お客様のコメントが単なる箇条書き
集客できるホームページ	お客様の悩み・要望から結果まで掲載されている

集客できないホームページ 「お客様のコメントが単なる箇条書き」

・品質が良く大変満足しています

・使いやすかったです

・詳しい説明があり、良かったです

このように、お客様のコメントを一言、箇条書きにして集めただけでは、集客につながりにくいです。

なぜなら、このような短いコメントは、多く集めれば集める程、似たり寄ったりな内容になってしまい、信憑性がなくなってしまう恐れがあるからです。

しかもお客様コメントは、ホームページ訪問者には、事実かどうかを確かめる術がありません。

自社の商品・サービスのコメントを掲載するのであれば、お客様の声は詳細に掲載しなければ信頼されないでしょう。

「お客様の悩み・要望から結果まで」

　集客できるホームページのお客様コメントは、**お客様の悩み・要望から、その商品・サービスを使った結果まで掲載されています。**いわゆる「物語」です。

　テレビショッピングの番組をみたことがありますか？　テレビショッピングでは、その番組でお客様の声が必ず放送されます。そればっかりと言っても、過言ではないくらいです。

　そして、その内容は、一言「買ってよかった！」だけではありません。

　例えば、「仕事が不規則な勤務になってしまい、夜遅く食事をすることが多くなってしまったのです。まずい！　と思っていたところ、健康診断で肥満気味の数値が出てショックを受けました！　ただ、激しい運動するとか、断食なんてとても無理。それで、○○を使ってみました。思ったより軽い運動ですむので、楽しく続けられました。３カ月後、なんと５キロ

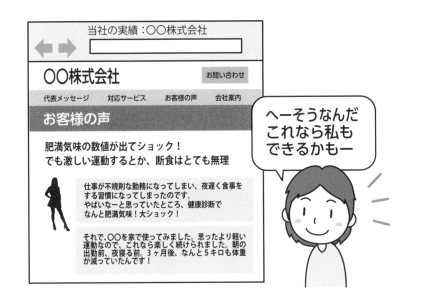

も体重が減っていたんです！」

思わず身を乗り出してみてしまいますよね。

これは、悩み・要望から、その商品・サービスを使った結果までの物語になっています。

こういったコメントが並んでいるホームページは集客できるのです。

お客様の声を集めやすくするには?

「ホームページの『お客様の声』で掲載を考えているのですが、コメントをいただけませんか？」

とお願いすると、大抵、一言程度の短いコメントしかもらえません。さらには、コメントをもらえないことも。

単純にお願いするだけでは、相手も何を書けば良いのかと迷って、書きにくく、負担に感じてしまうのです。

では、どうすれば相手に負担をかけず、コメントをもらえるのか？

２つの方法があります。一番良いのは、**対面でのヒアリングです。**

　質問して、答えていただく。

　その場で済むので、時間を取ってコメントを書くよりも、お客様の負担はかなり軽くなります。

　ですが、ヒアリングをするのはお互いの時間の調整などが必要で、なかなか実行できないことが多いこともあります。

　もう１つの方法は、アンケートで質問形式にすることです。

　税理士事務所を例にアンケートをつくってみました。

・どんなことで困っていて、税理士を探したか？

・どうやって探したか？（ネット、紹介、その他）

・事務所の受付担当者と会った時、どんな印象だったか？

・当事務所に決めたポイントはどこか？

・当事務所がサポートして、それ以前と変化があったことは何か？

・今後、どのようなサービスを希望するか？

　お気づきでしょうか？　この質問に答えていくと、要望から結果までが１つの物語になるのです。

　漠然と「コメントください」と依頼されるよりも、質問形式にした方が、人は遥かに答えやすくなります。

　さらに、アンケートを一度作成しておけば、**「営業担当者が納品時にアンケートを取引先に渡す」**などと作業フローに組み込みやすくなります。

　また、**手書きアンケートをホームページで掲載すると、お客様からコメントをいただいた証拠にもなります**（ただし、アンケート用紙の画像だけでなく、テキストでもコメントは入れてください。検索順位を上げる対策にもなりますので）。

（集客できないホームページ）**みせたい成功事例のみ**

（集客できるホームページ）**お客様を紹介する**

（集客できないホームページ）「みせたい成功事例のみ」

「この会社に頼んで正解でした！」

「この商品、もう手放せません！」

このようなお客様の声ばかり並んでいるページをみた時、あなたはどんなことを思いますか？

「頼んでコメントをもらっているのかもしれない」このように思うかもしれません。

このように、ホームページの運営者がみせたい成功事例ばかり並んでいると、逆に不信感を与えてしまうのです。これでは、集客につながりません。

テレビショッピングのように、テンポ良くみせると、最初は疑っていた視聴者が徐々にその気になったりします。

しかし、ホームページは、見込み客をはじめとする訪問者のテンポで、読み進められていきます。テレビショッピングのように、視聴者を完全にコントロールはできないのです。

「ちょっと待てよ？」と手を止めて考える、そんな時間もでてきます。

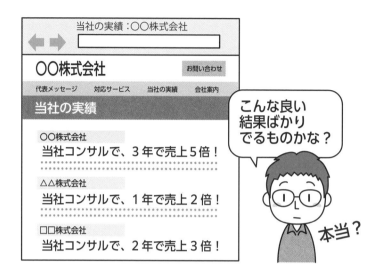

　だから、みせたい成功事例ばかり並んでいると、「本当にそうなのかな？」
と信頼性がなくなってしまうのです。

「お客様を紹介する」

　「この会社に頼んで正解でした！」こんなお客様の声の後に、次のよう
なコメントがあったらどうでしょう？
　「〇〇様は、その地域で急成長している運送会社。社員も急に増やされ
たということで、人事面で当事務所のサポートを受けられることになりま
した。まずは、就業規則の見直しというところから取り組みを始めました。
そして、〇〇様の継続した取り組みにより、現在は、社員定着率や有給取
得率も改善。社内の雰囲気がより明るくなり、細かな運送対応にあたられ
ているとのことです。〇〇様ホームページ（URL: -------）」

　単に成功事例を紹介しているのではなく、お客様を紹介している。

　こんなホームページの会社は、きっと良いサービス対応をしてくれそう
だ、と感じませんか？

　お客様の声だけでなく、お客様を自社のホームページ訪問者に紹介まで
する。
　お客様がホームページを持っていれば、ホームページのリンクも貼る。
そんなお客様の声を掲載することで信頼が高まり、結果、集客できるので
す。

紹介するほうが好印象

　ビジネス交流会での名刺交換。
　「〇〇さんですね？　私は××と言いまして、東京で健康食品の会社を
やっています。有機農法での成分を使って、サプリメントを10種類程扱
っているんです。あ、特に中性脂肪が多い方向けにこんな商品をつくって
いまして、これで健康診断の数値が良くなったと、喜びのお声をいただい
て…（延々と自分の事業の話が続く）」

初めて会う方が、自分の事業ばかり話し続けていたら、あなたはどう感じますか？

「うーん…私の事業のこともちょっとは聞いてほしいな」と思ったりしませんか？

それでは、このような方はどうでしょう？

「〇〇さんは、健康食品の会社で、サプリメントを扱っていらっしゃるのですね。あ、□□さん！こちら〇〇さんです。健康食品の会社をされている方ですよ！」と、目の前の方がさらに他の方に、あなたを紹介してくれたら？

そうなのです。紹介する人は、好感度が高くなるのです。

ホームページも同じです。

自分の伝えたいものばかりを大量に並べたら、「この会社と付き合ってみたい」と思い、ホームページをみにきてくれた訪問者は残念に思うでしょう。

そんな時、122ページで説明したような「紹介」を入れると効果的です。

何度も言いますが、人の心を動かさないと、購買や問い合わせをするという行動には至りません。人は、心が動いてから、行動するのです。

4-4

（集客できないホームページ）　**お客様の写真がない**

（集客できるホームページ）　**社長や社員が
お客様と一緒に写っている写真がある**

（集客できないホームページ）「お客様の写真がない」

実績やお客様の声が文章だけ。

実際にお客様が購入した自社商品や、サービスを利用されたお客様の写真がない。これでは、集客できるホームページにはなりません。

ホームページ訪問者は、文章だけの実績やお客様の声をみて、
「文字だけなら、適当にコメントを集められるのでは？」
と感じる可能性があります。

たとえ正確に書いていたとしても、訪問者は、事実かどうかは確かめる術もなく、いちいち確かめるような手間もかけません。

ですから、お客様が購入した商品の写真や、お客様の顔がみえない場合は、どうしても信頼性が低くなってしまいます。

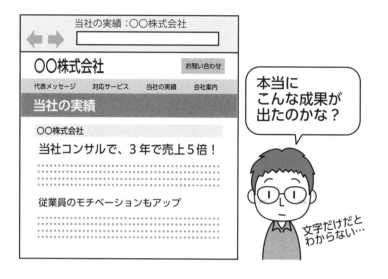

集客
できる
ホームページ 「お客様と社長・社員が写っている写真がある」

　集客できるホームページには、お客様と一緒に写っている社長や社員の写真があります。お客様と社員が話している写真、お客様と社長が並んで写っている写真などです。

　この写真1枚で、あなたの実績・お客様の声の信頼度はアップします。

　文字を読んでその内容を理解するには数秒必要ですが、写真をみて内容を理解するのには0.5秒しか掛かりません。

　それだけ、写真1枚のインパクトは大きいのです。

　ぜひお客様にお願いしてみてください。

　お客様の写真掲載が難しい場合もあります。

　そんな時は、現場の社員の写真、例えば商品を発送している様子など、自社の社員が写っている写真を掲載しましょう。

　商品の写真は、ホームページではよくみかけますよね。

　よくみかけるということは、それだけの写真では差別化が難しい、ということです。

　ここで差別化するには、社長や社員など人を含めた写真を掲載することです。

お客様に協力してもらうためには?

　お客様の声は、何件も集めた方が良いとわかってはいても、なかなか言い出せないという方もいます。

　かつての私もそうでした。

　そんな時、意識を変えられた1つの出来事がありました。

　シンプルなことなのですが、思い切って、お客様にお願いしてみたのです。そうしたら、あっさりOKいただきました。そこで、お時間をいただくお客様のお役に立ちたいと、紹介する一文をホームページに加えてみたら、さらに喜ばれたのです。

ですから、お客様の立場になって考えてみました。

仕事を依頼した相手が、納品した後も気にかけてくれている。

よく考えてみたら、これは嬉しいことだなと（さらに、その会社のホームページで自社を紹介してくれている、これも嬉しいですよね）。

実際、私がお客様の声を依頼されたら、やはりすぐに許可をだします。

逆に、ホームページには他社の声がいろいろ掲載されているのに、自分のところにお誘いがこないと、なんだかガッカリもしています。

このように、少しだけお声がけする勇気をもつ。

さらに、仕事が終わったら、**お客様の声をいただく業務フローをつくる。**お客様の役に立てるよう、紹介するという意識で取り組む。

実績・お客様の声の掲載で、お客様との関係はより近しいものになります。

それは将来、**ホームページ集客だけでなく、あなたの事業により良い影響を与えることでしょう。**

コラム	営業にも使える お客様へのアンケート項目はこれだ

　ホームページでの「実績・お客様の声」をアンケートでの質問形式にすると、お客様はコメントしやすい。

　加えて、アンケートは営業時にも使うことができます。

　実際に、自社商品やサービスを購入したお客様に対して下記のようなアンケートを実施してみましょう。

1）「どんなことでお困りで、業者を探しましたか？」

　お客様の悩みがわかる。

　今後、ホームページや検索対策、営業トークでも使える。

2）「どうやって探しましたか？（ホームページ、SNS、紹介、その他）」

　注力すべき告知手段、広告がわかる。

　広告費の予算配分の参考になる。

3）「当社に決めたポイントは？」

　自社の強みがわかる。

　お客様の決め手になった部分がわかれば、それを強化できる。

　また、営業資料やホームページなどでも使える。

4）「当社の商品・サービスを利用して、以前と変わったところは？」

　自社商品・サービスの効果がわかる。

　ホームページや営業トークでの、商品・サービス説明に使用できる。

5）「他に、どのようなサービスがあったら良いなと思いますか？」

　お客様の要望がわかる。

　今後の商品・サービス展開の参考になる。

このように、アンケート項目ごとに、今後につながるヒントがあるのです。

　それは、実際に商品・サービスを買ってくれたお客様からの情報ですから、確実な情報といえます。

第 **5** 章

商品・
サービス案内編

- ☑ 自社が伝えたいことと訪問者が知りたいことは別である
- ☑ 訪問者のメリットを伝えよう
- ☑ 0.5秒で判断されるということを意識しよう

自分が伝えたいことは、
訪問者は求めていないという事実

　「商品・サービスのご案内は、ホームページでは一番メインに打ち出したい！」と、当事者は力を入れるコーナーです。

　「できるだけ詳しく掲載しよう」、「商品・サービスをより良くみせたい」と、ホームページの中でも掲載内容が一番多くなります。

　そのため、商品・サービスの強み、詳細な仕様など、多くの掲載内容を計画すると思います。

　もちろん、ホームページでは実際にお会いしてプレゼンできるわけではないので、詳細な説明は、必要です。

　しかし、ちょっと考えてみてください。

　商品・サービスの案内は、あれもこれもと内容が多くなるが故に、「戦略」が必要なのです。ですから、**訪問者にみせる内容の順番を組み立てること**が必要になります。

　よくある失敗は、「○○商品とは？」などと、詳細な説明をいきなり始めてしまうことです。

　これは、お店に入店してきたあなたに、店員がこんな声かけをするのと同じです。

　「この新作、ココがポイントです！　生地や縫製すべて日本製で、高品質なのです！　似合いそうですね！　ぜひ試着してみてください」

　このような一方的なトークを浴びせかけられたら？　もちろん、誰だってお店を出てしまうことでしょう。

　いきなり、詳細な説明をし続けることは、逆に相手を遠ざけてしまうことになるのです。

　残念ながら、訪問者はあなたの商品・サービスに、まだ興味を持っていません。

　「どんなものかな？」という程度の気持ちでホームページをみにきます。

　またネット上では、競合他社とも容易に、そしてすぐに比べられる環境なのです。

　ですから、ホームページでの商品・サービスのご案内は、訪問者の気持ちを考慮した上で、知りたい情報を的確な順番で提示することが求められます。

　いずれにしても、次のことをまず頭に入れておいてください。
「あなたが一番伝えたいことは、訪問者は求めていない」。

商品・サービス案内は、どうあるべきか？

　ページ上部のファーストビューの範囲で、「ターゲット」＋「何が得られるか？」が認識できるものが必須です。

この情報は、文字だけなく、画像で伝える方法もあります。どんな形式であろうと、「ターゲット」＋「何が得られるか？」がファーストビューで伝えることが大切です。

なぜなら、ホームページをみている訪問者は、次の2つの視点でページを判断しているからです。

①自分がその商品・サービスの対象になっているか？
②その商品・サービスを使うと何が得られるのか？

ですから、どちらかが外れると、ホームページから離脱してしまいます。
「ターゲット」＋「何が得られるか？」を明確にすると、みる人が限られるのではないか？　と言う人もいます。
ですが、顧客側からすると、ターゲットが明確であれば、その後、閲覧するべきページかそうでないかがすぐにわかります。
逆にターゲットではない訪問者に、長々とした説明をして「欲しい情報がない！　判断できない！」と印象を悪く持たれてしまうことも防げます。

目的は、あなたの**商品・サービスを買ってくれる人を1人でも「効率よく」得ること**です。
ホームページをみる人を多くするわけではありません。

※注意：アクセス集計で、ホームページ訪問者のサイト滞在時間が長いほうが良いと言われることがあります。これは、興味があって閲覧している場合と、わかりにくくて、迷っている場合があります。
　ですから、滞在時間の数値だけでは、ホームページの問題点や良い点を正確に把握することはできません。

〈掲載の順序〉

ファーストビュー以下は、商品・販売の戦略により、掲載の順序は変わります。

正直なところ、「これで成果が必ず上がる！」という方法はありません。

ただし、1つ、大切なことがあります。

「商品・サービスを買おうと思っている訪問者ほど、詳細な情報が欲しい」ということです。

最初に、商品・サービスの全体像を掴んでもらう。

次に、詳細な情報を掲載することで、訪問者が購入や問い合わせという行動に移します（もちろん、すべて読む方も途中で購入してしまう方もいます）。

いずれにしても、商品・サービスの詳細な情報はその信用度を高めるためにも、検索順位を上げるためにも、必要です。

その上で、掲載順序を組み立てましょう。

※詳細な情報を入れるとページが長くなる場合は、ページを分割して掲載しましょう。1ページに詰めすぎてはいけません。スマホでみているホームページ訪問者も多いからです。

掲載順序を、商品・サービスの価格別に、2つの例を以下に記します。

1）低価格をアピールしたい場合

価格→メリット・特徴→商品説明・仕様→お客様コメントなど

（ページが長めになる場合は、途中・最後に、購入ボタン・お問い合わせへのリンク（URL）を設置しましょう！）

２）高価格商品の場合

得られる効果→体験談→商品説明→価格

（ページが長めになる場合は、途中・最後に、購入ボタン・お問い合わせへのリンク（URL）を設置しましょう！）

低価格の場合は、最大の競争力がある価格からみてもらえるように、ページを始めます。

訪問者は忙しいのです。

求めている情報をすぐに出した方が、ストレスを与えません。

反対に、高価格商品の場合、先に価格を出してしまうと、その価格だけが一人歩きして価値がわからないまま、「高い」という評価を下されてしまうことになります。

高価格な商品・サービスの場合は、訪問者も慎重に判断します。

だからこそ、投資にみあう効果から、その裏付けとしての体験談、商品の説明、価格、という順序にしていきます。

このように、商品・サービス案内ページは、商品により、掲載要素の順番を計画しましょう。

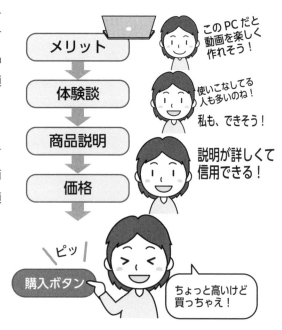

5-1

集客できないホームページ　説明から始まる

集客できるホームページ　メリット・全体像から

集客できないホームページ 「説明から始まる」

「この商品は、モダンでコンパクト。〇〇機能搭載の高性能で、処理速度が…」

「顧問契約で、月に１回の面談でコンサル対応をします…」

などと、商品・サービスの説明から始めているホームページは集客できません。

なぜなら、ホームページをみているお客様は、２つのことを知りたいのに、ホームページが答えていないからです。

①その商品・サービスは、どのようなものか？

②その商品・サービスを使ったら、どのようなメリットがあるか？

商品の仕様を説明するだけのページでは、この２つの質問に答えてもらえず、訪問者の心に不満が溜まってしまうのです。

これは、パソコンでプレゼン資料をつくりたいと考えている人に、次のように説明しているのと同じです。

「このパソコンは、2TBのストレージがあって、メモリを1G搭載して

このパソコンは、2TBのストレージがあって、
メモリを1G搭載していて
すごいんですよ

いて、速くて便利です！」

　これでは、なんのことかわかりませんよね。

　「それで？　プレゼン資料はつくれるの？」という疑問が残ります。

　そもそも訪問者は商品のことを知らないのです。

　いきなり詳しい説明をされたら、訪問者の心は離れて、ホームページでの集客はできなくなります。

 ## 「全体像・メリットから」

　集客できるホームページの商品・サービス案内は、全体像・メリットから始まっています。

繰り返しますが、ホームページをみている訪問者は、

①その商品・サービスは、どのようなもの？

②その商品・サービスを使ったら、どのようなメリットがあるか？

知りたいのです。

　上記の質問に答えられる掲載内容で始まっていれば、その後詳しい説明や価格を読み進めて、購入あるいは問い合わせへと至る可能性が高くなります。

　例えば、次のような流れです。

〈問題社員に悩まされた時、専門家にすぐ相談できる顧問サービス〉

　どんな規模でも社長の一番の悩みは「人」の問題。

　問題社員とのトラブルを放置せず迅速に対処することで、業務がうまくまわり、ワンステップ先の成長へつながります。

まずキャッチコピーで、「どのようなサービスか」を伝えます。

全体像を掴んだ上で説明した方が、よく理解してもらえるからです。

その上で、メリットを伝えるのです。訪問者はメリットに、敏感です。

自分にメリットがあるサービスと認識できれば、詳しい説明を読む労力をいといません。

たしかに、最初の1行でターゲットでない人は離脱します。

しかし、それで構いません。

最初の1行で興味を持っていただいた方が自社の見込み客なのです。

0.5秒で判断される

人が目の前を流れる情報をみるかどうか判断する時間は、0.5秒と言われています。

・SNSで投稿が目に入って、読むかどうか
・ページが表示されて、読むかどうか
・次へのリンクを、クリックするかどうか

ということは、目に入る画像、タイトルやキャッチコピーの1行、これが勝負だということ。

それを考えず、伝えたいことばかり、伝えたい順序で伝える。

そんな独りよがりのホームページが実は結構あります。

私がコンサルティングしているお客様でも「これだけ情報をつめ込んだけれど、本当にホームページから集客ってできるの？」とお話になる方もいました。

「ちゃんと読んでくれれば、商品の良さがわかるのに。なかなか一言で表現するのが難しいんだよね」

　気持ちはわかりますが、ホームページ集客を成功させたいなら、最初に一言で表現するよう取り組みましょう。

　せっかくの商品・サービスの良さが見込み客をはじめとするホームページ訪問者に伝わるよう、内容を読んでもらえるよう、最初の言葉や画像を考え抜きましょう。今の画像やキャッチコピー・文章で、何の反応も得られていなかったら、すぐ変えましょう。

　人が0.5秒で判断している行動を、あなたは変えられません。

　変えられるのは、自分のホームページの内容なのです。

5-2

集客
できない
ホームページ
価格一覧ページだけ

集客
できる
ホームページ
それぞれ価格を明記

集客
できない
ホームページ
「価格一覧ページだけ」

商品・サービスの案内ページが、きれいにみやすく掲載されている。

しかし、

「あれ？　価格はどこだろう？」

すると「価格一覧ページをみてください」との表示。

商品・サービス案内ページとは別に、価格だけを集めた一覧ページがあるホームページは集客できません。

なぜなら、その段階で閲覧者に負担を強いるからです。

価格一覧ページは、士業関連のホームページで多くみられますが、残念ながら、効果がでていない場合が多いです。

商品・サービスの価格をみたい訪問者は、購入する意欲が高いといえます。なぜなら、欲しくない商品の価格はみないはずですから。

そうでもあるにも関わらず、商品・サービス案内ページから、価格一覧ページに誘導して、さらに「今みている商品の価格は？」と、価格一覧から商品を探すことを強いるのは良くないでしょう。

【価格一覧ページ】

相談料：30分5,000円〜
着手金：20万円〜
出張・出頭：30,000円〜
遺言書作成手数料：10万円〜
公正証書作成：30,000円〜

手数料ってどれ…

　閲覧者にストレスを与えるホームページでは、商品の印象も、あなたの会社の印象も悪くなる一方です。

　「価格一覧ページだと、更新が楽だから」という声もありますが、そのような「手抜き」をしては、ホームページ集客はできないのです。

集客できるホームページ 「それぞれ価格を明記」

　「この商品良さそう。さて、価格は？　これくらいだったら、買ってみるかな！」

　商品・サービスのページごとに、価格が明記されている。

　こういったホームページは、集客できます。

　「価格を知りたいのは、その商品が欲しい証拠」です。

　イメージしてみてください。あなたがお店でシャツをみています。

　気に入ったものが目に入りました。次にどんな行動をとりますか？　価

格をチェックしますよね。

　しかし、なかなか価格がみつからない。店員に聞こうとしても、レジにいて、声をかけにくい。

　こんな状況だったらどうでしょう？　多くの方は、そのお店を出るのではないでしょうか？

　ホームページでも同じです。

　商品をみて、その価格を知りたい訪問者に、スムーズに価格をみてもらえるよう、商品・サービスページに、価格を入れましょう。

　そうすることで、閲覧者にストレスを与えることなく、購買や問い合わせへの流れがつくれます。

価格を明確にできない場合は?

　業種によっては、価格が決まっていない場合もあります。

　具体的にいいますと、見積りが必要な場合です。

　コンサルタントや士業事務所、サービスを提供する会社に多いです。

　ホームページ業者もページ数などにより、金額が大幅に変わるので、価

格提示しづらいサービスといえます。

　そんな時、どう価格を表示するか？
　実は簡単です。
　「この場合はこう」と条件をつけて価格例を出せば良いのです。

【例】
　自分で更新できる仕組みのホームページ制作。ご自分で1000P以上に増やせます。
　ホームページ構築費用　〇〇万円（税込〇〇円）
　※お引き渡し時：11P　WordPress構築

　製造業の会社の税務顧問　価格例　月〇〇万円（税込〇〇円）
　※月１回の面談、月次試算表、年商〜億円までの場合

5

商品・サービス案内編

　訪問者は、〇千円なのか、〇百万円なのか、価格の想定ができていないことが多いです。
　後々「えっ！こんなにするの!?」と思われるより、価格を出した方が、成約率も高まります。
　なぜなら、最初から価格を認識した上で、ホームページを閲覧し、検討してくれるからです。

　購買意欲が高い訪問者を取り込むためには、価格提示は必須です。
　工夫して、イメージしやすい価格表示をしていきましょう。

5-3

集客できないホームページ 購入方法が不明確

集客できるホームページ 購入方法が明確

 「購入方法が不明確」

　ネットショップで「この商品良さそう！　買ってみよう」そう思った時、購入方法がわからなかったら？　当然、その商品を買うことはないでしょう。

　そんな状況がないように、通常のネットショップでは、当然、購入方法が明確になっています。買い物カートがあり、決済や送料の案内も必ずあります。ですが、会社ホームページでの「商品・サービス」ページでは、購入方法が書いてないことが多くあります。

　商品・サービスを紹介するだけに終始し、ページ下に「お問い合わせ」のボタンを形式的に表示しているだけ。どうやって購入に至るのか、その流れが明記されていません。これでは、集客できません。

　改めて、考えてみてください。

　どんな商品・サービスでも買われて、はじめて売り上げになるのです。

・商品・サービスを紹介するだけになっていないか？

・購入・成約をしてもらうために、どんな流れで、閲覧者に行動してもらうのか？

それが、ホームページをみるだけで伝わってくるのか？

いずれにしても、購入方法が明確にされていないホームページでは、集客できません。

「購入方法が明確」

商品・サービスページで、購入方法までわかると、訪問者が「買いたい」と考えたら行動に移しやすいです。

ですから、購入方法が明確になっていると、ホームページ集客につながります。

会社ホームページの場合、「購入してもらう」意識より、「案内パンフレット」という意識で掲載内容をつくっているのではないか？　と思ってしまうものが数多く見受けられます。

集客できるホームページにしたいのであれば、**「購入してもらう」という意識**を忘れないことが重要なのです。

その上で、商品・サービスを紹介したら、次は買っていただきたい。そ

れには、訪問者に次のステップを知らせることが重要です。

　例えば、士業事務所の場合は、
「無料相談」→「見積りの提示」→「ご契約」
という流れで購入方法を掲載します。

・問い合わせしたら次にどんなことが起こるのか？
・見積り依頼だけでも、相談料を払わなくてはいけないのか？

　このように、ホームページ訪問者の頭の中では、いろいろな懸念が渦巻いています。
　この懸念を１つずつ解消していくことが、ホームページ集客につながるのです。営業の手法でも、お客様の懸念を解消してクロージングとなりますが、それと同じです。

ステップを明確にする理由

　お客様の頭の中に、その商品やサービスを使った時の具体的なイメージができた時、購入を決断します。

・ピシッと身体に合ったスーツで堂々とプレゼンしている姿
・コンサルを受けて、会社の売り上げが伸びるイメージ

　こういったイメージができた時、「よし買おう！」となります。

　一方で「商品・サービス案内」ページでは、イメージを伝えることも重要ですが、その購入までにどんなステップがあるのか、明確にすることも必要です。

　営業マンが対応していれば、「前向きに検討したい」と言われれば、
「では、まずヒアリングさせていただいた上で、それに合ったプランでお見積りをご提示いたします。それで、金額とあわせてご検討いただけますか？」
と、購入までのステップをすぐお伝えできます。

　しかし、ホームページはそれができない。
　だから、先回りして、購入までのステップも丁寧に説明する必要があるのです。

「電話番号やお問い合わせフォームがあるから、わかるでしょ？」
　いいえ、それでは独りよがりです。
　連絡先があるだけで、問い合わせがくるなら、世の中の会社はホームページから既に集客できているはずです。

まったく集客できないホームページが大半であるのは、連絡先を掲載するだけでは不十分だからです。

　何度も言いますが、人は理解できなければ、行動はできないのです。ホームページ集客では、あらゆる手段を使って、訪問者に理解してもらい、その上で行動してもらわなくてはならないのです。

　だから、購入までのステップを、丁寧に掲載しておくことが必要なのです。

コラム　価格を入れない or 価格を入れる

　士業やコンサルタント業の方に、時々次のように聞かれることがあります。

「価格は入れたくないのですが、それでも良いですか？」

　理由は、
・競合他社にみられるのが嫌だ、真似をされる
・価格をみてホームページから離脱しないか不安
・競合他社が価格を出していないから
などです。

　そういった時、私はこう尋ねます。
「あなたは価格がわからない商品を、買いますか？」

　答えはNO。絶対に買いません。
　価格がわからないものは、怖くて買えません。
　「見積りをお望みの方は、お問い合わせください」というのも面倒です。**明確な価格を出している競合他社のホームページをみにいきます。**

　「価格を入れたくない」という考えは、ベクトルが自分の方ばかりに向いている状態です。これでは、ホームページ集客などできるわけもありません。

ホームページ集客の前提は、徹底的に「相手の立場」に立つことです。「ギブ（与える）」の精神です。

　「GIVE and TAKE」は、テイクが先ではありません。ギブが先です。相手のことを考えて、相手のために、まず与える。

　先に「ギブ（与える）」だからこそ、「テイク（得る）」という順番なのです。

　よくある心配で「競合他社にみられる」というものがあります。

　しかし、そもそも競合他社は、お客様にはならないのです。

　たとえ「あそこは高い」などと競合他社に言われても、あなたの事業には、問題ありません。

　「価格が高い」と考えられてホームページから離脱されても、大丈夫です！　そういった方は会社の事業のターゲットではないのです。

　ですから、訪問者のためにも価格は掲載しましょう。

　その上で、価格以上の価値をきちんと伝える努力をしていきましょう。

違う会社にしようかな…

第6章

Q&A
よくある質問編

- ☑ 訪問者の疑問を解消していますか?
- ☑ 予想するキーワードはたいてい外れている
- ☑ 1ページに1つの質問と答えを用意しよう

「訪問者の疑問解消」と 「アクセス数」はつながっている

　「Q&A・よくある質問」は、お客様やホームページ訪問者からもらう質問に対して、答えを掲載するコーナーです。

　メーカーなどのマニュアルサイトなどでも、よくみかけます。

　実際に問い合わせがある質問には同じものが多いので、ホームページに掲載しておけば、訪問者の疑問が解消され、会社の対応効率が良くなるのです。

　さらに、**アクセス数を上げることができる**のです。

　Q&A・よくある質問は、工夫すればホームページに訪れる人を増やす、アクセス数を上げることが可能です。

　なぜなら、人は疑問や悩みを解消したい時に、検索エンジンでキーワードを打ち込んで検索するからです。

　その時に、ダイレクトに対応できるのがQ&A・よくある質問というわけです。

　2021年9月現在、日本での検索エンジンのシェアは、PCの場合 Google 80%、Yahoo! 12%。スマホではGoogle 75%、Yahoo! 25%。

　Yahoo! もGoogleの検索エンジンと同じ仕組みを使っているので、どちらも同じ検索順位で表示されます。

　この検索順位はどうやって決まっているかというと、Googleの目的に沿っています。

　それは、**「ユーザーに最適な情報を提供する」**ということです。この目的に沿った情報を提供しているホームページであれば、検索順位は上がります。

　ですから、Q&A・よくある質問コーナーで答えとして情報を提示する

ことは、見込み客をはじめとするホームページ訪問者に最適な情報を掲載することになり、Googleの目的にも合致しているわけです。

　検索エンジンで検索順位を上げる施策のことを**SEO対策**と呼ぶということを、もしかしたら聞いたことがあるかもしれません。

　その方法として、文字数やページ数が必要だとか、被リンク（他のホームページやサイトからリンクを貼られること）を多くするとか、ホームページの表示速度を上げるとか、技術的なことはいろいろと言われています。

　ですが、技術的なところは、業者に頼めばすぐ対応できてしまいます。

　そのため、検索エンジンも順位を決める基準を頻繁に変更しています。技術的なSEO対策のみでは、検索順位が上がったとしても一時的なもので、その後順位が落ちる可能性も高いのです。

　ですから、Googleの目的に沿ったホームページの内容を揃えておきましょう。そうすれば、基準が変わっても検索順位が落ちる可能性は少ないでしょう。

　ホームページ訪問者の疑問を解消する「Q&A・よくある質問」は、その点で大切なのです。

予想キーワードは、たいてい外れている

　よく私のお客様に言われるのが、

　「『横浜　法律事務所』というキーワードで検索上位を目指したい」

というようなことです。

　しかし、「地域＋業種」という単純な2語だけで、検索している人は、今では少数になっていることをご存知ですか？　インターネットが日本に普及して、20年以上になります。

6｜Q&A よくある質問編

その間、ユーザーの検索スキルはかなり向上し、多様化しているのです。

「離婚　慰謝料　相場　年収500万」
「交通事故 慰謝料 相場 むちうち 主婦」
「交通事故 慰謝料をもらうには」
　このように複数のキーワードを組み合わせて検索をしていたり、悩みが深いと文章で検索しているユーザーも多かったりします。

　単語や文章、それらの組み合わせを考えると、キーワードはかなりの数になります。
　これを予想することはSEOの専門家でも、難しいのです。
　ですから、自分でユーザーやホームページ訪問者が検索するだろうと予想したキーワードを決めて対策するのは、徒労に終わることが多いのです。

　ではどうするか？
　その対策として、個別対応できるのが、Q&A・よくある質問コーナーというわけです。

　ただし、自分が思いつく限りの質問をつくって、答えを書けば良い、というわけではありません。実際に検索される内容を入れる必要があります。その方法を、この6章で具体的にお伝えしていきます。

6-1

集客
できない
ホームページ
頭で質問を考える

集客
できる
ホームページ
手と耳を使って質問を考える

集客
できない
ホームページ
「頭で質問を考える」

　自分の予想だけに頼って、頭だけで質問を考えると、集客できるホームページになりません。なぜなら前述したように、ユーザーの検索技術が高くなっているので、検索キーワードの予想は専門家でさえ難しくなっているからです。

　何の調査もなく、自分の感覚だけに頼った質問に、いくら良い答えをたくさん書いたとしても、アクセス数の向上にはつながりません。

　まして、自分たちの手間が省けるから、伝えたいことを書くという考え

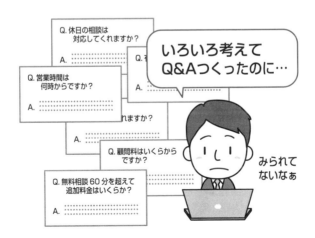

Q. 休日の相談は
　　対応してくれますか？

A. ....

Q. 営業時間は
　　何時からですか？

A. ....

Q. ....ますか？

A. ....

Q. 顧問料はいくらから
ですか？

A. ....

Q. 無料相談60分を超えて
追加料金はいくらか？

A. ....

いろいろ考えて
Q&Aつくったのに…

みられて
ないなぁ

から発した質問では、みてもらえません。

「手と耳で質問を考える」

手と耳を使って、質問を考えたQ&A・よくある質問コーナーは、集客につながります。アクセス数も向上するからです。

手と耳を使うとは、調査する、ということです。
手を使ってインターネットで「**関連キーワードを調べる**」、耳を使って「**お客様から聞き取る**」、この2つのことが、アクセス数を向上させる手段になります。

「関連キーワード」は、インターネットで誰でもすぐ調べることができます。
関連キーワードとは、検索エンジンで実際に検索されたキーワードに、

関連するキーワードのこと。関連キーワードで「どんなキーワードの組み合わせで検索されているのか？」を調べた上で、そのキーワードを入れた質問・答えを作成していきます。

もう1つは、「お客様から聞き取る」。

お客様に「どんなキーワードで検索して、探していたのですか？」と、詳しく聞いてみる。

そうすることで、お客様が実際に使っているキーワードが手に入ります。

業界の専門家であるあなたと、お客様では、使っているキーワードが違っている場合があります。ホームページ集客をするならば、お客様が使っているキーワードをホームページでも使うのは必須です。

例えば「ホームページ」。

正確には「Webサイト」と言いますが、関連キーワードを調べてみると、「ホームページ」で検索している方が多いのです。

この場合、どちらの単語を使った方がホームページ集客につながるのか、もうおわかりですね。

関連キーワードを調べる方法

関連キーワードの調べ方は、簡単です。

インターネットには無料で使えるツールがあるからです。

まず「関連キーワード」と検索します。

検索結果にいくつかのツールが出てきますが、本書では、私がよく使っている「ラッコキーワード」（URL: https://related-keywords.com/）を紹介します。

このサイトに、キーワードを入れて検索し、表示された関連キーワードを使って、質問を考えます。

例として、「直結給水ポンプ」で検索してみます。

「直結給水ポンプ　耐用年数」が表示されました。
耐用年数が気になる人が世の中に多いと気づきます。
そこで、質問を考えます。
「直結給水ポンプの耐用年数はどのくらいですか？」これに答えをつくれば、検索上位を狙える可能性があるQ&A・よくある質問が1つでき上がります。

コツとしては、関連キーワードをみながら、できる限り、ホームページ訪問者やユーザーが検索しそうなキーワードの組み合わせでつくること。
単語の組み合わせから、「仕事の依頼先を探している人」はみえてきます。
例えば、
「離婚 弁護士 費用 誰が 払う」
「離婚 弁護士 依頼 タイミング」

後者の単語の組み合わせの方が、ホームページに集客できそうですね。
ではここで、関連キーワードを使った質問を考えます。

「離婚時に弁護士に依頼するには、どのタイミングが有利になる？」

いかがでしょうか？
やみくもに掲載内容をつくるより、関連キーワードで1つ1つ調べて、見込み客をはじめとする訪問者をホームページに呼び込みましょう。

6-2

集客 できない ホームページ	売りたい商品・サービス説明のQ&A
集客 できる ホームページ	**お客様の質問に答える**

**集客
できる
ホームページ** 「売りたい商品・サービス説明のQ&A」

「〇〇（商品名）の強みは何ですか？」

「△△を使うと、こんな効果が出たと聞いたのですが、本当でしょうか？」

　このように自社がアピールしたい商品に関連するQ&A・よくある質問は、集客できません。

　売りたい商品・サービスの説明をするためにつくった質問では、みている訪問者の感情を動かすことはできないからです。

もちろん、みられることも少なくなるので、こういった質問内容では、検索に引っかかるはずもありません。

⬤集客できるホームページ 「お客様の質問に答える」

「〇〇（商品）は、みかけのわりに金額が高いと思うのですが」

「〇〇のメリットだけでなく、デメリットも教えてください」

このように、実際に、受けた質問に答えると、ホームページ集客につながります。

営業活動をしていると、取引先の担当者との話の中で、シビアな質問も受けることもあるでしょう。

そういったことも、きちんと入れておくと、会社の信用ポイントが貯まります。

優秀な営業マンは、メリットだけでなく、必ずデメリットも伝えて、取引先の信用を勝ち得ています。

反対に、良いことばかりアピールする営業マンはあやしく感じませんか？　それと、ホームページも同じなのです。

都合が良いことばかりでなく、実際に受けたシビアな質問にまで答えることで、信用が高まっていきます。

そうやって、訪問者の質問にきちんと答える「Q&A・よくある質問」は、ホームページ集客につながるのです。

検索順位を向上させる対応は、
ホームページ集客とつながっている

　「ホームページのアクセスだけ増やしても、顧客が増えなきゃ意味がないのでは？」と質問を受けることもありますが、そもそも、検索順位が低く、アクセスが少なければ、見込み客をはじめとするホームページ訪問者が来る可能性も少なくなるわけです。

　検索順位を向上させてアクセスを増やす施策をすることは、ホームページ集客の向上とつながっているのです。

　もちろん、アクセス数を上げるためだけのむやみな施策はナンセンスですが、検索順位向上のために掲載内容のクオリティを上げることは、確実に、ホームページ集客の向上につながります。

　それは、検索順位を決めるGoogleの目的が「ユーザーに最適な情報を提供する」ことだからです。

　ホームページ集客も「訪問者に最適な情報を提供した上で、購入や問い合わせをしてもらう」ことがゴールです。

方向性は一致しています。

　まずは、「訪問者が求める情報を提供すること」です。

　「情報をみられるだけで、集客につながらなかったら意味がないのでは？」
と制作に時間がかかるからといって手を抜いてしまうのは、要注意です。

　ホームページをみると、作成者の気持ちまで透けてみえてくるもの。ま
ずはギブ（与える）から、訪問者との関係性は始まります。

　ホームページ集客は、短期的に成果が出るものではありませんが、大き
な成果を上げられることが多いです。

　当社のお客様で、ホームページをリニューアルして半年後に、今まで相
手にもされなかった大口の注文が入ったところがあります。

　他の例では、ホームページをみられて、メディアに取り上げられ、かな
りの売り上げになったところもあります。このような大きな成果を上げる
可能性があるのがホームページです。

　というわけで、検索順位向上のために、ホームページのあらゆる施策を
することは、これからの将来、あなたの事業を良い方向へ変化させる可能
性を秘めていることなのです。

6-3

集客
できない
ホームページ
1ページに複数

集客
できる
ホームページ
1ページに1つ

集客
できない
ホームページ
「1ページに複数」

1ページに、複数のQ&Aがまとめられている。

「質問・答え」、「質問・答え」、「質問・答え」…とつながっている。

そんなQ&A・よくある質問は、集客できません。理由は2つあります。

1）スマホで探しにくい

2）検索順位対策の関係上、良くない

Q&Aがずらっと並んでいるページだと、訪問者が目的の情報をみつけにくくなります。**せっかく良い情報を伝えているのに、読んでもらえません。**

もう1つ。

1ページにいろんな話題が掲載されていると、**検索順位対策の質が下がります。**

例えると、あなたが美味しいコーヒーを飲みたい時、多くのメニューが並ぶファミレスより、コーヒー専門のカフェにいくでしょう？　そんなイメージです。

　検索結果で表示されるのは、1ページごと、です。

　1ページごとに、キーワードに対しての情報が、どのくらい詳しく書かれているか？　そういった基準で測られています。

　Q&Aがたくさんあると、話題が広がって、1つ1つのテーマへの内容が薄くなり、検索エンジンに内容が薄いと判断されてしまいます。ですから、検索には不利なのです。

　したがって、1ページに、複数のQ&Aがまとめられているものは、アクセス数が増えず、集客できるホームページにはならないのです。

集客 できる ホームページ 「1ページに1つ」

　集客できるホームページは、1ページに1つの質問と答えで構成されています。

１ページに１つの質問と答えであれば、スマホでみた時も読みやすいです。

　さらに、キーワードも集中して、検索にも有利になります。

　私が手掛けたホームページでは、**よくある質問を１ページごとに展開し、月に２ページ程の追加を続けた結果、１日の訪問ユーザー数が３カ月で５〜20倍になりました。**

　検索エンジンから、キーワードに対して情報が書かれている比率が高いと判断されたのでしょう。

　検索エンジンは進化しつづけています。今ではホームページやサイトの掲載内容まで、詳しく調査しています。

　ですから、単なるページ分けでは、検索順位は上がりません。

　掲載する内容は、**ユーザーが求めている価値あるものにする必要があります。**

　いずれにしても、１ページに１つの質問と答えで構成することは、アクセス数も増やせるため、集客できるホームページの条件でもあります。

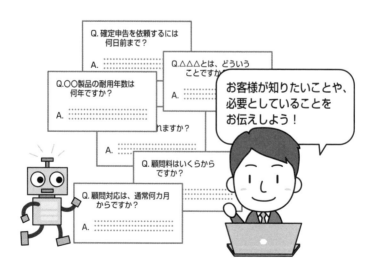

訪問者はトップページからみるとは限らない

　自社ホームページを確認する時、まずトップページを表示させて、その他のページへ移動すると思います。

　主要なページだけチェックして、「よくある質問コーナー」などの1つ1つまでは確認しないことも多いかと思います。

　ただ、訪問者は、トップページから入ってくるとは限りません。

　思いもよらなかったページから、入ってくることも多いのです。

　※どこからホームページ訪問者が入ってきたかなどの流入ページは、アクセス集計から確認できます。

　検索エンジンは、ホームページの1ページずつを確認しています。その上で、検索結果を表示しています。

　なぜなら、ユーザーが求める最適な情報を提示したいからです。

　例えば、「○○会社　設立日」と検索した場合、「会社概要」ページを表示します。

　決して、トップページではありません。

　ユーザーに、トップページから会社概要を探すことをさせるような手間はかけさせたくないのです。

　実際、訪問者数が1日100人以上のホームページの場合、トップページではなく、他のページからのアクセスが多いのです。

　ということは、流入ページは、よくある質問のページから、ということもありえます。

　ですから、**アクセス集計をみて、どこから流入しているかを確認しましょう。**そして、アクセスが多いページをチェックしてみましょう。そのペ

ージから入った時、どんな印象か、使いやすいか、わかりやすいか。

　なぜなら、そのページが、あなたの会社の第一印象になるからです。

6-4

集客
できない
ホームページ
答えのみを掲載

集客
できる
ホームページ
答え＋リンク

集客
できない
ホームページ
「答えのみを掲載」

質問「確定申告とは何ですか？」

答え「確定申告とは○○です」

質問には、しっかり答えていますが、ページには答えのみ。

これでは、ホームページ集客はできません。

　こんな経験はありませんか？　検索して、答えをみて理解した。疑問に対する答えは得たけれど、次の行動が決められていない時です。

　ユーザーは何か知りたいことがあれば、インターネットで検索して、答えを探しています。そして、答えを知ることができれば、満足します。

　しかし、中には、**答えだけを探しているのではなく、「自分はどうすれば良いのか？」と、具体的なアドバイスを望んでいる場合もあるのです。**

　ホームページを運営する目的は、質問に対する答えを知ってもらうだけでなく、訪問者に行動してもらうことですよね？

　であれば、「Q&A・よくある質問」コーナーだからと、質問の答えを掲載するだけというようなことは決してしないでください。

「答え＋リンク（URLなど）」

集客
できる
ホームページ

集客できるホームページの「Q&A・よくある質問」コーナーは、答え
の先を提示しています。

　質問「確定申告とは何ですか？」
　答え「確定申告とは〇〇です。今では、インターネットからご自分で申
告する電子申告もあります（URL：----------）。ただ、自分１人では不安
がある時、もしくは忙しくて時間がない時は、専門家を頼る方法がありま
す。個人・法人問わず無料相談も行っておりますので、お気軽にご相談く
ださい。（URL：----------）」

　こんな税理士事務所のホームページだったらいかがでしょうか。
　「連絡してみようかな？」という気持ちになりますよね。

　質問に対する答えをみただけで満足する訪問者も、確かに多いです。
　しかし、その中でも一部の訪問者は、自分で考えるだけでは不安で、専
門家に頼りたいと考える人もいるはずです。

　そういった深い悩みを抱えている訪問者から連絡をもらえれば良いので
す。

　将来お客様になる人の気持ちに寄り添うのが、ホームページ集客の本質
なのです。

　このように集客できるホームページの「Q&A・よくある質問」コーナ
ーは、相手の気持ちを察して、答えの先を提示・提案し関連するページの
リンク（URL など）があります。

次に行う行動は1つに絞る

　1つの答えを知ろうと検索していると、関連する情報としてたくさんの

情報へのリンク先が表示されるのをみたことはありませんか？

　訪問者のホームページの滞在時間を増やした方が、問い合わせや購入などのアクションにつながると、Webマーケティング業界では信じられているため、いくつものページをみてもらおうと、リンクを貼りつけているのです。

　滞在時間と直帰率（ホームページを1ページだけみて、離脱してしまう閲覧者の割合）は、アクセス集計ですぐわかるので、お客様にも成果として伝えやすいという側面もあります。

　ですが、私は違うと考えています。

　周囲の人の行動をみていると、あちこちみた挙句、時間がたつにつれて当初の目的を忘れてしまう場合が多いのです。

　結果、問い合わせや購買をしません。

　実際に、ホームページをみて弊社に相談に来られたお客様に話を聞いてみると、ホームページをじっくりとみていない人が多いのです。

　目に入ったちょっとしたキャッチや、ページの雰囲気で「良さそうだと思った」という理由で相談に来ていたのです。

　ですから、いきなり関連ページへのリンクなどをあれこれと並べるより、**「専門家に直接相談することもできます」と1つリンクを提示する。**

　その方が、閲覧者にはわかりやすいと思います。

　次にしてほしい行動を1つ、まずは提示しましょう。

頑張って
たくさん
入れたのに

読んで
くれない

わかりやすい！

競合多数でも検索3位に！
遠方からお客様がやってきた

「歯科クリニックは、コンビニ店より数が多い」と言われております。

ですから、どこの地域でも競合するクリニックが多い状態です。そんな歯科クリニックのお客様の話です。

私がホームページ集客の相談を受けた当時、開業2年目でした。

開業してすぐは、知り合いの紹介で患者さんは来ていましたが、2年たつと新規の患者さんがほとんど来ない。不安を抱えて、ご相談にいらっしゃいました。

立地は、駅から徒歩1分足らず。しかし、ビルの7階。

看板を出しても、人が入りやすい条件ではありません。

歯科医は院長1人。当然忙しいので、SNSをやる時間はありませんでした。

そのため、集客はホームページしかありませんでしたが、開業時に作成したホームページのクオリティが良くなく、検索順位を上げることができていませんでした。

クリニック名で検索しても、上位に表示されない状態だったのです。

そこで私は、ホームページのリニューアルを提案しました。

ただ、顧問税理士からは「ホームページは効果がない」と、反対されたそうです。

しかし、院長は「**このまま何もしないと、この状況を変えることができない！**」と、リニューアルを決断したのです。

2021年３月、コロナ禍の中で、リニューアル公開しました。

　ホームページを企画した時、関連キーワードを調べると、歯の悩みが山のように出てきていました。

　コンビニ以上に競合が多くても、たくさんある悩みの中で、**「悩みの深いものに焦点を当てれば、勝てる」**と私は確信しました。

　リニューアル公開後も、「よくある質問」コーナーをコツコツとつくりました。まさに、本書で説明したことをやったのです。

　３カ月後、「歯ぎしり」などのキーワードで検索３位に上昇。

　すると、コロナ禍でも新規の患者さんが増え始めたのです。

　中には、沖縄、福島など遠方からも患者さんが来たそうです。

　今では、ホームページから月平均10人の新規の患者さんが来院するようになりました。

　ホームページにはこのように大きな可能性があるのです。

第 7 章

お問い合わせ・申込み編

☑ 「お問い合わせ」ページとはどのようなものか?

☑ わかりやすいか? 使いやすいか?

☑ 項目数は必要最低限のものになっているか?

「お問い合わせ」ページはどんなもの?

「お問い合わせ」ページは、あなたが訪問者の情報を直接得ることができる、大切なコーナーです。

お問い合わせページの多くは、ホームページ上で、決まったスペースに住所、名前などを入力して送信するものです。

入力された情報はメールで、担当者に届くという機能を組み込んでいて、その仕組みは、メール送信フォーム（略してフォーム）とも呼ばれます。

主に以下の用途で使われています。
・ホームページ運営者へのお問い合わせ
・無料相談やセミナー、メルマガなどの申込み
・商品の購入申込み　　など

ホームページ集客をするには、必ず最後に、閲覧者にこのページを使ってもわらなくてはなりません。

　ですから、このページの出来次第で、あなたのホームページの集客力が決まるのです。

※BtoBの業種の場合は、お客様は電話でお問い合わせする割合は多くなります。

　どんなターゲットのホームページでも、お問い合わせページを用意しておくことは、ホームページ集客では必須のことです。

　なぜなら、営業時間外でも訪問者が連絡できるからです。

わかりやすさ・使いやすさが命

　「お問い合わせ・申込み」ページでは、実際に訪問者に使ってもらわなくてはいけません。

　他のページと違い、みているだけではないのです。

　訪問者に使ってもらうために、大切なことがあります。

　「とにかくわかりやすく、使いやすくする」ということ。

　想像してみてください。インターネットで業者を探しています。

　あるホームページで会社案内や事業内容をみて「この会社良さそう。連絡してみよう！　でも今は時間が夜遅いから、ひとまず問い合わせしておこう」と思いました。

　そこで、お問い合わせページから、入力を始めます。

　名前、住所、メールアドレス、お問い合わせ内容など。

　ちょっと文字は小さいけれど、なんとか読んで、内容を打ち込んでいき

ます。一通り入力しました。

「あれ？　送信ボタンは？」と探します。

やっとみつけて、送信ボタンを押します。

「これでひと仕事終わった」と思いきや、ページ画面が変わります。

赤い文字で「エラー：再度入力してください」と書いてあります。

そこで、バックボタンで戻ります。すると、今まで入力した内容が、全部消えていた。

こうなると「もう他の会社を探そう！」とか「もう今日はやめた」というような感情になりますよね。

こういったことで、会社に対しての印象は、悪くなるはずです。しかし、これは会社が訪問者に対して悪い対応をしたわけではなく、単純に**お問い合わせページのつくりが悪かっただけ**で起こったことなのです。

いくらホームページを良いデザインにして、会社案内、事業内容などをしっかりと掲載していても、最後に、こういったことが起こるのです。

ですから「お問い合わせ・申込」ページは、わかりやすさ・使いやすさが命なのです。

7-1

集客
できない
ホームページ
自分が欲しい情報ばかりたくさん得る

集客
できる
ホームページ
お客様の負担を考えたフォーム項目数に抑える

集客
できない
ホームページ
「自分が欲しい情報ばかりたくさん得る」

　お問い合わせフォームで、名前、住所、電話番号、メールアドレス、問い合わせ内容を入力して、その後も延々と続く入力項目。いったいどれだけ入力すれば問い合わせ内容を送信できるのか？

　こんな印象をホームページ訪問者に与える「お問い合わせページ」では、ホームページ集客はできません。

　入力項目が多いと、ホームページ訪問者の情報がたくさんもらえて、自社が有利になるかもしれませんが、入力する方にとっては、ストレスでしかありません。

　ホームページのトップページや事業内容、会社案内にせっかく工夫を凝らしても、最後の最後で印象がマイナスになってしまったら、もったいないですよね。

　ですから、欲しい情報をたくさん入力項目に並べるのは避けるべきです。

　お問い合わせページでは、閲覧者の負担を考え、必要最低限の入力項目に抑えましょう。

「フォーム項目数は、必要な分だけ」

フォーム入力は、必要最低限。2、3分で送信完了できる。

そんな項目数のお問い合わせページは、集客につながります。

訪問者は、自分が聞きたいことをすぐ入力して、送信したいのです。

「何をみてホームページをご覧いただきましたか？」

「会社の規模は？」

「ご興味があるサービスを選択してください（複数選択可）」

「当ホームページで良かったところは？」

「メルマガを希望しますか？」

これらのようなアンケートのような質問が5～10個も並ぶと、送信ま

でに時間がかかり、うんざりして途中で入力をやめてしまう可能性があります。

　また、**スマホからの閲覧比率は、BtoBの場合でも50％以上、BtoCの場合は80％以上にもなります。**
　過半数がスマホでホームページをみているのです。
　スマホで負担にならない程度のフォーム項目数・形式にすることで、問い合わせ・申込フォーム送信数が上がる可能性があります。

　ですから、項目数は、必要なものだけに絞ります。
　できる限り文字入力を少なくして、選択形式で閲覧者の負担を軽くする。そういった配慮があるお問い合わせ・申込フォームは、ホームページ集客の向上に必須の条件なのです。

必要なフォーム項目

　必要なフォーム項目は、業種や目的により変わってきます。

　メルマガ申込の場合は、「メールアドレス」のみ。
　または「名前（またはニックネーム）」を加えるだけにして、気軽に申

し込んでもらうことを狙います。

　また、セミナーや購入申込みであれば、住所、電話番号など必要な項目は多少増えることでしょう。

　ここでは、一般的な会社ホームページで、お問い合わせフォームに使われる、最低限の項目をご紹介します。

・名前：必須
・ふりがな：電話連絡する際には、必須
・メールアドレス：必須
・電話番号：必須
・郵便番号、住所：場合による
・用件（資料請求やお問い合わせなど）：必須
・自由記入欄：できれば設置

　シンプルなお問い合わせフォームにするとはいえ、連絡はメールアドレスだけでなく、電話番号も確保することをおすすめいたします。
　メールアドレスしかない場合、間違って入力されてしまうと、連絡する手段がなくなってしまうからです。

　住所は、対応地域が限られている業種・会社の場合は、項目に入れておきましょう。住所を入力するのは時間がかかるユーザーもいますので、郵便番号からの自動入力や、都道府県の選択形式などで、入力の手間を極力軽減する配慮が必要です。

　その他、相談か、資料請求か、お問い合わせかと、用件を選択式にするのも、ホームページ訪問者にとって便利です。
　そして、自由記入欄はできれば設置してください。想定外の連絡がある

かもしれません。かなりの事前情報を入力してくださる方もいます。

　いずれにしても、フォーム項目を決める際には、「必要なだけ」、「ホームページ訪問者に負担を与えない」この２つを意識して決めていきましょう。

集客できないホームページ 連絡方法はメール送信フォームだけ

集客できるホームページ 連絡方法をTELなど複数提示

集客できないホームページ 「連絡方法はフォームだけ」

　「ホームページなら、お問い合わせフォームがあれば大丈夫」と考え、会社の電話番号をお問い合わせページに掲載しない会社があります。しかし、それではホームページ集客はできません。

　実はホームページをみて、すぐにでも依頼したい、早く対応してほしい、と考えている訪問者は、電話で連絡することが多いのです。

　一般的に成約する確率が高いのは、お問い合わせフォームからの連絡より、電話で連絡してくる人や会社からです。

　特にBtoBの業種では顕著です。

あなたはこんな経験はありませんか？　大手ネットサービスで、使い方がうまくいかず、カスタマーサービスへお問い合わせしようと思ったら、あちこち探しても電話番号がない。

やっとみつけたのは、お問い合わせフォームのみ。

「いちいち入力させた挙句、返事も待たされるだろうなぁ」とガッカリ。

こんな思いをさせてしまったら、心が離れていくでしょう。

仕事につながる連絡をもらいたいのに、これではホームページ集客は上がらないでしょう。

集客
できる
ホームページ
「連絡方法を複数提示」

お問い合わせページには、問い合わせ送信フォームと、電話番号と対応時間も表示されている。

「すぐ返事がほしい」そんな時でも、問い合わせフォーム以外の連絡方法を提示している。そんなホームページは集客できます。

ただし、連絡方法は数が多ければ多い程良いというわけではありません。

お問い合わせフォーム、電話、LINE、チャット、Facebook メッセージなど、あれこれ並んでいると逆に選びにくくなります。

行動心理学からすると、選択肢が多すぎると逆に、どれも選べなくなるそうです。その証拠に、最近のコンビニエンスストアでは複数の決済方法から１つの支払い方法を選ぶことが多いですが、あまりに多すぎて選ぶのが困難ではありませんか（私は現金かカードです）？

人間がパッと選びやすいのは、３択です。

日本では、松・竹・梅で価格帯が分けられて、その中から選ぶ形式があ

ります。

　これも昔の商人が経験的に、多くの人が選びやすいからと、たどり着いた手法です。ホームページ集客では、できるだけ閲覧者のストレスを軽減する手法をとりますので、連絡方法は3種類までにするのが良いでしょう。

連絡方法は何が良いのか？

　「フォームと電話以外では、他にいったいどんな連絡方法が良いのでしょうか？」時々いただく質問です。

　答えを先に言いますと、**「想定するお客様に合わせた連絡方法」**が良いです。

　BtoBの場合、メール送信フォームと電話番号だけでも構いません。

　ビジネスでは電話は頻繁に使われる手段ですので、お客様も使い慣れています。

　営業時間外の時は、フォームが使えます。

　少し難しいのは、BtoCの場合。

お客様の年齢やライフスタイルによって、日常使っている連絡方法はかなり違ってくるからです。

　年齢層が高ければ、電話番号を入れるのは必須。

　文字を入力するより、電話で話す方が慣れている方が多いからです。

　一方、年齢層が若い場合。フォーム、電話の他、その他のオンラインツールでの連絡方法も準備しておくと、連絡へのハードルは低くできます。

　若い世代は、電話をあまり使い慣れていません。ですから、日本で一番シェアが高いLINEを使うことをおすすめします。

　BtoBの場合は、最初にフォームで連絡が来ても、その後電話で対応すると、成約率は高くなります。

　ビジネスでは、スピードが必要です。

　フォームから連絡がきたからといって、メールで返信ばかりしていると、担当者がまどろっこしく感じる場合があります。

　場合によっては、やりとりをしている間に電話で連絡がつく競合他社に仕事を持っていかれてしまう場合があります。

7-3

集客できないホームページ 個人情報に無頓着

集客できるホームページ 個人情報を大切にする

集客できないホームページ 「個人情報に無頓着」

お問い合わせフォームでは、訪問者に名前、連絡先を送信してもらいます。要するに、個人情報をもらうわけです。

その時、ホームページに「個人情報保護方針」または「プライバシーポリシー」が明示されていない。

これでは見込み客をはじめとするホームページ訪問者が「大丈夫だろうか？」と不安を抱いてしまうかもしれません。

「個人情報保護方針がない」→「会社自体が個人情報を雑な扱いをしている」→「仕事も信用できない」と連想させるからです。

BtoBの場合は、連絡先は会社のメールアドレスや電話番号になるのでさほど気にしない人も多いでしょう。

ですが、BtoCの場合は、連絡先は個人のメールアドレスや電話番号です。電話番号は、個人の携帯番号。住所は、自宅です。

万が一、個人情報が流出して、たくさん資料が届いたり、電話がかかってきたりしたら…と不安が広がることもあります。

ですから、個人情報に無頓着なホームページは、集客できません。

集客できるホームページ 「個人情報を大切にする」

集客できるホームページには、個人情報保護方針あるいはプライバシーポリシーが明示されていて、個人情報を大切に取扱っています。

「ここでいただいた個人情報は、お問い合わせのご返信のほか、メルマガ送信で、利用させていただき、その他の用途では使用しません」というような形で利用目的も伝えている。こういったホームページは集客につながります。

ホームページ集客の目的は、訪問者から連絡をもらうことです。

その最終段階となるフォームで、個人情報を受け取った後もきちんとした対応がみえる。その1つが、個人情報保護方針なのです。

もちろん、訪問者にとっては読むのが大変な内容かもしれませんが、しっかりと掲載していることが重要なのです。

ですから、個人情報は大切に扱ってください。

このような方針で行動している会社のホームページは、集客できるようになります。

お問い合わせ・申込み編

7-4

集客できないホームページ フォーム送信後から売り込みする

集客できるホームページ お客様に役立つ情報提供をする

集客できないホームページ 「フォーム送信後から売り込みする」

お問い合わせフォームでは、必ずメールアドレスを入力します。フォームで問い合わせした後から、その会社から毎日売り込みメールが届く。しかも解約をどうやってやればよいのか書いてない。郵便物も頻繁に届く。これではいけません。

そもそも、ホームページのお問い合わせフォームから情報を送信する人は、売り込みをされることを想定していないので、とまどうはずです。

個人情報を手に入れメールや郵便は気楽に送れるからと、強引な売り込みをかけると、間違いなく悪い印象を持たれます。

7

お問い合わせ・申込み編

「お客様に役立つ情報提供をする」

お客様が商品を購入した後、適度な期間で役立つ内容のメールや資料が届く。

こんな対応をする会社は、ホームページ集客できます。

お客様は、常に自分が欲しいものを探しています。

ですが、売り込まれて買いたくはないのです。

自分が欲しいものを、欲しい時期に、買いたいのです。

イメージしてみてください。

時間つぶしに、なんとなくショップに入ったとします。

好きな色のシャツが目に入りました。手にとって値段をみます。

しかし、店員さんは一切声をかけない。

「まあ今日は洋服を買おうと思ったわけでもないし」などと、そのまま店を出てしまいませんか?

一方、気になったシャツをみている時、店員さんが「それはオーガニックコットンのやわらかい肌触りが人気で、もう1枚だけになってしまったんですよ」と声をかけられたら?

「オーガニックコットン。だから肌触りが良いんだね。しかも人気があって、後1枚。買うしかない!」という気持ちになりませんか?

お客様は売り込まれたくはないけれど、自分に役立つ情報は求めているのです。

このように、ホームページ集客で得たお客様へ、役立つ情報を提示でき

るとさらにホームページから集客できます。

コラム	メール１つでお客様は離れる

　お問い合わせフォームを送信すると、「送信されました」という画面表示とともに、送信したお客様にもメールが自動送信される仕組みになっています。

　注意したいのは、自動送信メールには、「**これは自動送信メールです**」と書いておくことです。その上で、「**○日以内に、担当者より連絡する**」という旨を入れておきましょう。

　要するに、「このメールは自動的に送っていますが、この後担当者が対応します」と予告するのです。

　自動送信メールは、テンプレート形式なので、そっけない文章になりがちです。

　お客様の中には自動送信メールを担当者が書いているメールだと誤解して「このそっけない対応はどうして？」と思われる方もいます。

　そういった感情をひき起こさないために、自動送信だということを、お客様に伝えた方が良いのです。

　インターネットの数あるツールの中でも、メールは一番、気を遣う必要があるツールだと感じています。

　メールで送れるのは文字だけで、感情や雰囲気まで伝えるのは難しいからです。

そしてメールは、とにかく「事故」が多い！

私は仕事関係でメールによるいろいろな事故に遭遇してきました。

メールの文面1つで、お客様に不信感をもたれてしまった。丁寧なメールを書いたつもりが、逆に、お客様を激怒させてしまった。メールのやりとりを重ねて、だんだんお客様の心が離れていった。連絡が伝わっていなかった。などなど、もはや数えきれません。

その中で、メール事故を起こさない重要なコツがわかりました。

それは、「お客様に話すように書く」ことです。

人はメールになると、ビジネスの場合は特に、いきなり丁寧になります。

「○○様」から始まり、対面では必ず入れる雑談もメール文面から外して、いきなり仕事の内容から入ります。

しかしそれでは、相手との距離は、残念ながら離れてしまいます。

さらに、丁寧な敬語を使えば使う程、相手側は慇懃無礼に感じてくる。すると、心がささくれだった感じになり、その一言一句が気になりだす。面と向かっての話だとまったく気にもならないことも、許せなくなる。

これが、「事故」になる原因だと私は感じています。人間は理論ではなく、感情で動く動物だからです。

繰り返しますが、メールで送れるのは文字だけです。

電話のように声や雰囲気を伝えることができません。

手紙のように文字から人柄を伝えることもできません。

LINEのようにスタンプで気持ちも送れません。

要するに、感情を伝える手段は文字のみです。だからこそ、誤解されやすい。

1通のメールで人の感情に寄り添う気遣いをする。
それが、ホームページ集客を成功へ導きます。

納品日変更の件

○○株式会社　山下様
いつもお世話になっております。
株式会社△△の下田でございます。

誠に残念ながら、
××製品の納品日が、先日の大雨による影響で、予定より1日遅れることになりました。
山下様とのお約束を違えることになってしまい、誠に申し訳ございません。
ただ天候によるもので、なんともいかんしたがく、ご了承いただけますか？
……………………………………

以上、
どうぞよろしくお願いいたします。

なんだかなー

丁寧な文章だけど
なんだかなー…

申し訳ございません！1日遅れます

○○株式会社　山下様
いつもお世話になっております。
株式会社△△の下田です。

昨日の大雨はひどい被害でしたが、
山下さんのご関係は、大丈夫でしたか？

さて、たいへん申し訳ございません！
××製品の納品日が1日遅れになってしまいます。この大雨の影響ですが、御社で準備されていたと思うと、本当にご迷惑をおかけすることになり、心苦しい限りです。

まだ雨と暑さも続くようですのでくれぐれもお気をつけて、お過ごしください。……………………………

くすっ

まあ1日遅れ
くらいなら平気
なんだけどね

おさらい　検索ワード対策

検索ワード対策は、企画段階から「関連キーワード」を調べましょう！

【どんな時に調べるのか？】

1）ホームページで使う単語を決めるとき

2）ページタイトルを決めるとき

3）Q&Aやブログのタイトル・ネタを決めるとき

【何を使うのか？】

関連キーワード検索

※インターネットで「関連キーワード」で検索すると、無料で使えるものがいくつか出てきます。本書では、「ラッコキーワード」を使って説明しました（URL：https://related-keywords.com/）。

【対策例】

1）使う単語を決める場合

例：「日本舞踊教室」「日本舞踊稽古場」どちらの単語を使うか？

関連キーワード検索：「日本舞踊教室」118 HIT ＝ ○

「日本舞踊稽古場」2 HIT ＝ ×

→多く検索されている「日本舞踊教室」を使う

例：「社会保険労務士」「社労士」どちらの単語を使うか？

関連キーワード検索：「社会保険労務士」678 HIT ＝ ×

「社労士」815 HIT ＝ ○

→多く検索されている「社労士」を使う

２）ページタイトルを決める場合

例：社労士事務所の場合

「就業規則」「就業規則作成」どちらをページタイトルにするか？

・関連キーワード検索「就業規則」754 HIT

→情報だけを求めている人が多い傾向がある＝×

・関連キーワード検索「就業規則作成」59 HIT

→「就業規則作成　費用」など依頼する専門家を探しているキーワードが多い傾向がある＝○

３）Q&Aやブログのタイトルを決める場合

例：ポンプ修理会社の場合

関連キーワード検索「直結給水ポンプ」2 HIT

→ヒット数は少ないが、「直結給水ポンプ　耐用年数」でタイトル・ネタを作成すれば、検索上位になる可能性がある。

例：税理事務所の場合

関連キーワード検索：家族信託関連のQ&Aがつくられているウェブサイトを参考にする。

→「認知症になると家族信託の契約ができないというのは本当ですか？」というような記事を参考にQ&Aを作成。

【その他】

とにかく自分の事業の単語を検索してみる。

その結果の中から、ホームページ訪問者がどんな情報が欲しいのか、どんなことを求めているのかが見えてくる。

例：税理士事務所の場合　「税理士」で関連キーワード検索

「税理士　資格　合格率」求人など税理士を目指している人

「税理士（地域）」「税理士　費用」など、税理士を探している人がいることがわかる。

自分のターゲットにより、どのキーワードを使うか選ぶ。

おわりに

　ホームページ制作という仕事は、かなりキツイ仕事です。

　世間的にWebデザイナーは、カッコ良いイメージかもしれませんが、私のイメージは「インターネットなんでも屋」。作業服を着て肉体労働をしているのに近い状態です。

　ホームページというネット上の営業所をつくるだけでなく、そこに商品も並べたり、掃除や集客もしたり。メールが受信できないと怒られることもあります（もちろん、ホームページとは関係ありません）。というわけで、ホームページ制作を仕事としてやり始める人も多いですが、やめる人も多い業界です。

　その中で、私がホームページ制作を25年も続けてきたのには、1つの体験があるからです。

　それは、日本舞踊教室のホームページをつくったことでした（私は日本舞踊を3歳からずっと習っています。今は、坂東流の師範）。

　2004年頃、通っていた稽古場では、高齢のため引退するなどの理由で、弟子が5人くらいになってしまったのです。先生は、舞踊業界でもトップクラスの舞踊家。NHK出演経験もある。でも弟子はまったく増えない。

　しかし、それは当然のことでした。

　特に宣伝をしていませんでしたから。

　さすがに広告費用は出せないだろうなぁと思い、ボランティアでホームページをつくりました。

　正直、今どき日本舞踊の稽古場を探している人なんかいないのでは？

と思いつつ。

ですが、思いがけないことが起きました！　1カ月程過ぎた頃、教室へ見学申込みがあったのです。

しかも、20代の若者でした。

その後も、10〜60代の方や、外国人の方からの申込みが続いたのです。

今では30人を超える弟子にかこまれ、にぎやかな日本舞踊教室になっています（現在は、きちんと仕事としてホームページ制作を請け負っています）。

これは小さな教室の小さな出来事かもしれません。

でも私には、ホームページは「人を助ける大きな力を持つ」ことを確信する出来事だったのです。

しかし、いくら私がホームページを必死につくり続けたとしても、自分のWeb制作会社をどれだけ大きくしたとしても、制作できるホームページの数には限度があります。だからこそ、この本を書きました。

日本にインターネットが普及していなかった頃からWeb業界に入って25年、数えきれない程のホームページに携わってきました。

それゆえに、数々の失敗をしてきました。今でも心が痛む失敗もあります。

ですがそこから、失敗したのはどうしてか？　成功したものとどう違うのか？　何をすれば成功できるのか？　いくつもいくつもホームページをつくり続けて、ホームページの掲載内容を考え続けてきました。そして、成功確率を上げるための具体的方法をみつけ、本書にまとめました。

ですから、本書が少しでも役に立てたら、大変嬉しいです。

最後に、私が尊敬する稲盛和夫氏の言葉をお贈りします。

「継続が平凡を非凡に変える」

継続。私たちはこれが一番難しいことを知っています。

ですが、難しいからこそ、継続することが一番の力になり、成功への近道なのです。

ホームページ集客も同じです。

インターネットで成功している会社は、ビジネスモデルが良いとかアイデア勝負だと思われがちですが、実は、そんなことはありません。

数々の失敗があり、失敗しても失敗しても工夫し続けてきたからこそ、成功できたのです。

「ホームページ集客で、重要なことは何か?」と問われれば、私は迷わず「継続」とお伝えします。

あなたのホームページ集客が成功することを祈っております。

本書を最後までお読みくださり、ありがとうございました。

今までホームページをつくらせていただいたお客様、挿絵を手伝ってくれた石井さん、当社スタッフ、家族、自由国民社の三田さんに大きな感謝をこめて。

プリズムゲート株式会社　代表取締役　芝田弘美

■プロフィール

芝田 弘美（しばた ひろみ）

インターネット・ホームページを利用して士業・中小企業の売上を伸ばすWeb
コンサルタント・販促デザイナー

小学1年生から家のヤマザキショップで働き始め、店頭販売やPOP・チラシ作
成を行う。中央大学商学部ではマーケティング専攻。

大手コンビニ本部に就職ののち、1996年マンガが描けることで誘いを受け、
Web制作会社に転職。Webデザイナーとして働き始める。2000年、現プリズム
ゲート株式会社を設立。中央省庁・中小企業のWebサイト構築、1000件以上の
プロジェクトに携わる。

幼少期から実店舗で働いて培った"お客様目線"と、大学以降で学んだ事業戦略・
マーケティングの知識を活かし、「クライアントの事業を発展させること」を第
一にWebサイトを企画・構築。さらには販促物デザイン・コンサルティングも
手掛ける。

会社ホームページから月商300万円売り上げる修理会社、年間売上1億円以上の
士業事務所、月に10人以上新規来院がある歯科クリニックなど、実績多数。

一方、講師としても年間20本以上のセミナー・講座を行う。

その他の著作『士業のためのホームページのつくりかた』（2013年1月／中央経
済社）。

趣味は、3歳から続けている日本舞踊（坂東流師範）。松濤会空手三段。

儲かる会社はホームページが9割！

2021年10月19日　初版第1刷発行
2021年11月10日　初版第2刷発行

著者　芝田弘美（しばたひろみ）

カバー　小口翔平＋須貝美咲（tobufune）
ＤＴＰ　有限会社中央制作社

発行者　石井悟
発行所　株式会社自由国民社
　　　　〒171-0033　東京都豊島区高田3丁目10番11号
　　　　電話　03-6233-0781（代表）
　　　　https://www.jiyu.co.jp/

印刷所　奥村印刷株式会社
製本所　新風製本株式会社
プロモーション担当　井越慧美
編集担当　三田智朗
企画協力　松尾昭仁（ネクストサービス株式会社）
挿絵　芝田弘美

©2021 Printed in Japan　ISBN 978-4-426-12741-1